マルチアングル戦術図解

ラグビーの戦い方
キック戦術の実践

土井崇司 東海大学付属相模高等学校・中等部ラグビー部総監督

はじめに

キックが拓く可能性

　ラグビーという競技は、サッカーやバスケットボールと異なり、自分より前方にいるプレーヤーへパスをすることができない。ルール上、真横かそれより後方にパスをしながら前進しなければならないため、前へ進むのが非常に難しいスポーツだと言える。

　またラグビーでは、守備側は横幅70メートルのグラウンドを最大15人で広がって守ることができる。特に近年は組織ディフェンスが飛躍的に発達してきたこともあり、単純に走ったりパスをつないだりするだけでは、相手ディフェンスラインを突破することはできなくなった。だからこそ現代ラグビーにおいては、相手に接触することなくボールを前に動かせる『キック』をいかに効果的に使うかが、重要なテーマとなっている。

　ラグビーにはトライ（5点／相手の反則等による認定トライは7点）、ゴール（2点）、ペナルティゴール（3点）、ドロップゴール（3点）とさまざまな得点方法があるが、いずれも敵陣深くまで攻め込むほど、得点の可能性が高まる。つまり敵陣で試合を進めることは、相手にプレッシャーをかけ、精神的に優位に立つことにつながる。どれほど強いチームでも、自陣で戦っている時はなかなか力を発揮できない。そのため、試合時間の中でどこまで敵陣でプレーする時間を増やせるかは、勝敗を左右する重要なポイントとなる。

　ただし、ハイパントなど一部のキックを除いて、キックを蹴ればいったんはボールを相手に渡すことになる。また蹴った瞬間にキッカーより前にいる味方プレーヤーは全員オフサイドとなり、そのままではプレーすることができない。単に「蹴り込んでおけば陣地を進められる」というほど、簡単なものではないのだ。

　だからこそ、ラグビーのゲーム構造やルールを理解し、熟知した上で、効果的にキックを使って陣地を支配し、試合を優勢に進める戦い方をチームとして持っておくことが、試合を制する上で非常に重要になる。本書では、そうしたキック戦術について、さまざまな視点から私なりの考えを紹介してみたい。

土井崇司

CONTENTS

はじめに ── 002
本書の使い方 ── 004
用語集 ── 006

第1章　概論 キックの目的 〜なぜ、キックを蹴るのか〜 ── 007

01　キック戦術を身につける意義 ── 008
02　チェイス陣形を作る重要性 ── 012
03　キックのメリットとは ── 016
04　キックが精神状態に与える影響 ── 017
05　キックの種類とそれぞれのポイント ── 018
06　キックに関わるルール ── 022
07　キックを効果的に活用するための要素 ── 026
08　複数キッカーを擁する重要性 ── 030
09　SHからのキック ── 034
10　カウンターアタック ── 038

第2章　実践編① 陣地を進めるキック戦術
〜陣地挽回のためのキックの使い方〜 ── 043

11　自陣22メートル内からのキック ── 044
12　自陣22メートル〜ハーフウェーライン間のキック ── 046
13　スクラムからのキック ── 048
14　ラインアウトからのキック ── 054
Column① 蹴り合いの組み立てを考える重要性 ── 058

第3章　実践編② 相手防御を揺さぶるキック戦術
〜キックでスペースを攻略する。キックで相手を動かす〜 ── 059

15　ツメのディフェンスに対するキック ── 060
16　ドリフトディフェンスに対するキック ── 064
17　相手を集めてスペースを狙うキック ── 066
18　ゲインした後のキック ── 070
19　背走させられた状況でのキック ── 074
20　膠着状況を打開するキック ── 080
21　キックパス ── 084
Column② キックで心理的優位に立つ ── 088

第4章　実践編③ ハイパント戦術
〜前進しつつ再獲得も狙えるキックを効果的に活用する〜 ── 089

22　スクラムからのハイパント ── 090
23　ラインアウトからのハイパント ── 096
24　キックレシーブからのハイパント ── 102
25　自陣でのハイパント ── 106
26　ハイパントに対するディフェンス ── 110
27　ハイパントキャッチからのアタック ── 114
Column③ ハイパント戦術 ── 116

第5章　実践編④ カウンターアタック
〜本当に効果的なカウンターアタックの仕掛け方とは〜 ── 117

28　カウンターアタックの考え方 ── 118
29　ゾーン別 カウンターアタックの狙いと攻め方 ── 122
30　サイドからのカウンターアタックの仕掛け方 ── 126
31　相手チェイスに合わせた攻め方① ── 130
32　相手チェイスに合わせた攻め方② ── 134
33　FWを考慮した仕掛け方 ── 136
34　エスコートラン ── 140
Column④ キックをタッチライン寄りに蹴る理由 ── 143

本書の使い方

本書では、ラグビーのキックを用いた戦術を3Dグラフィックによる図を用いてわかりやすく説明している。キックのシチュエーションをさまざまな角度・視点からマルチアングル（多角的）に解説しており、より直感的に理解することができる。また、攻撃側（青）の観点で考え、推測していくと理解しやすい。第1章でキックの目的を解説し、第2章以降は実践編として多くの戦術を紹介。段階的に習得できる構成となっている。

タイトル
習得する戦術の内容・名称が一目でわかる

3Dグラフィック図
3Dのグラフィックを用いた図で戦術を解説。選手やボールの動きを矢印で示しており、説明文を読むことでさらに理解を深められる

point of view
その場面において重要な選手の視点から戦術を解説。マルチアングル図解によって、動きをイメージしやすくなる

選手

攻撃側　　　守備側

矢印

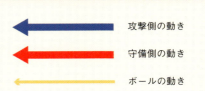

攻撃側の動き
守備側の動き
ボールの動き

アイコン

 戦術遂行のための特記事項

 良い例と、悪い例を紹介

グラウンド

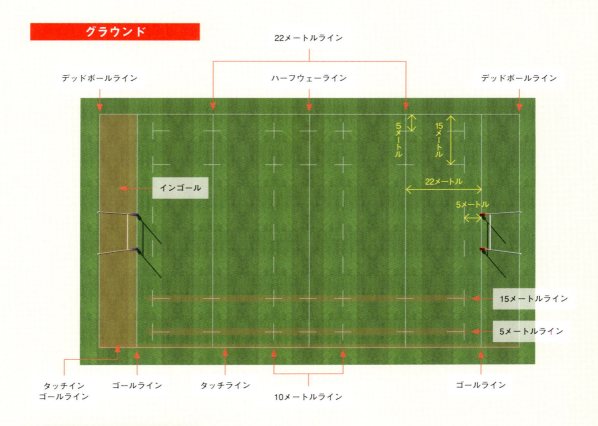

ポジション

用語集

ここでは、本書にて用いられている専門的なラグビー用語を、五十音順に並べて説明している。用語の意味を確認したい時に活用し、よりスムーズな理解のために役立てよう。

ア〜サ

アンストラクチャー	陣形が整っていない状態（⇔ストラクチャー）
オーバーラップ	数的優位
オープンサイド	スペースの広い側（⇔ブラインドサイド）
オフサイド	反則行為のひとつ（⇔オンサイド）。P22参照
オブストラクション	ボールキャリアーでないプレーヤーを妨害する反則
カウンターアタック	相手のキックをキャッチして仕掛ける攻撃
キックレシーブ	相手のキックしたボールを受けるプレー
クイックスローイン	タッチを割ったボールを、ラインアウトを待たずに投げ入れるプレー
ゲイン	陣地の獲得（前進）
コンテストキック	競り合うことを前提としたキック
シザース	ボールキャリアーの後方から交差するように走り込んでパスを受けるプレー
ジャッカル	タックルされて倒れたプレーヤーからボールを奪うプレー
ショートパント	味方や自分が再獲得するのを狙って蹴る短いキック（⇔ロングパント）
スクラム	軽い反則や密集でボールが出せなかった場合にプレーを再開する両チーム8人ずつによるセットプレー

タ〜ナ

ターンオーバー	攻撃側と守備側が入れかわること
ダイレクトタッチ	自陣22メートルラインより前でのキックが直接タッチラインの外に出ること
タックル	ボールを持った相手を倒すプレー
タッチキック	タッチラインの外に蹴り出し、前進を目指すプレー（⇔ノータッチキック）
チェイス	キックしたボール（ボール保持者）を追いかけるプレー
チャージ	キッカーの蹴ったボールを体で阻止するプレー
ディフェンスライン	防御の面
トイメン	対面してポジションをとっている相手プレーヤー
トライ	ボールを相手側のインゴールにグラウンディングするプレー（5点）
ドライビングモール	モールを組んで前進するプレー
ドリフトディフェンス	パスに合わせてトイメンの外にずれる守り方
ドロップアウト	22メートルライン、もしくはその手前からドロップキックでゲームを再開するプレー
ノット10メートル	反則が起こった後、10メートル下がる前にディフェンスや妨害を行う反則。また、キックオフのボールが敵陣10メートルラインを越えなかった反則

ハ〜ラ

ハイパント	高く蹴り上げるキック
パイルアップ	密集状態でボールが出せなくなった状況
バックスリー	左右のWTBとFB
ピックアンドゴー	ラックでボールを拾い、ラックサイドを縦につくプレー
フェアキャッチ	キックされたボールを自陣22メートルラインの内側で、「マーク」とコールしながらノーバウンドでキャッチすることでFKを得るルール
フェーズ	攻撃の連続回数
ブレイクダウン	タックル後のボールの奪い合い
ホイール	スクラムが回ること
ボールキャリアー	ボールを保持しているプレーヤー
ボックスキック	SHが相手FWの後方に上げるキック
モール	両チームの選手が立ったまま密集を形成するプレー。ボールは地面から浮いている（⇔ラック）
ラインオブタッチ	ボールがタッチを割った地点
ラインアウト	ボールがタッチの外に出た際、両チームがそれぞれ1列に並び、その間にボールを投げ入れるセットプレー
ラック	地面にあるボールの上で、敵味方1人ずつ以上が組み合って形成される密集プレー
ループ	パスをしたプレーヤーがレシーバーの外に周り込んで再びパスを受けるプレー

その他

FK	フリーキック。直接タッチに蹴り出せない（ダイレクトタッチになる）
PG	ペナルティゴール。
PK	ペナルティキック。直接タッチに蹴り出すことができ、かつマイボールのラインアウトで再開される

第 1 章

概論 キックの目的
~なぜ、キックを蹴るのか~

01 キック戦術を身につける意義

> 攻撃起点の約3割はキックレシーブ

▶ スクラムから一度グラウンド中央にポイントを作って
　タッチキックを蹴るケース

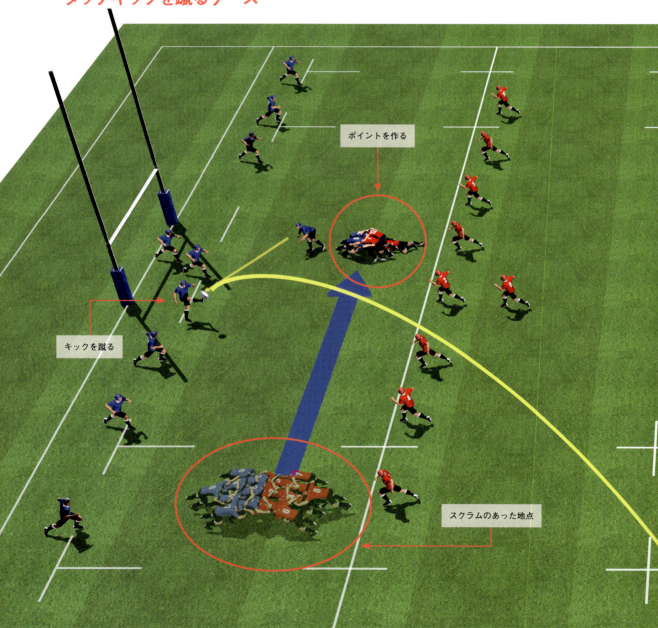

ポイントを作る

キックを蹴る

スクラムのあった地点

ラグビーには、スクラムやラインアウトなどのセットプレーのほか、ペナルティキック（PK）、フリーキック（FK）、ジャッカルや相手のエラーによるターンオーバーなど、いくつかの「攻撃起点」がある。その中で、試合においてもっとも起こる回数が多いのが、キックレシーブだ。

通常、すべての攻撃のうち25〜30パーセントは、キックレシーブが起点となっている。次に多いのがラインアウトと PK および FK でそれぞれ約20パーセント、スクラムとターンオーバーはそれぞれ約15パーセントで、これは日本に限らず世界中のどのカテゴリーを見ても同様の傾向があてはまる。こうしたことを考えれば、相手に効果的なアタックをさせないためのキックの蹴り方、また相手のキックをキャッチした後の効果的なアタックの仕掛け方を身につけておくことが、いかに重要かがわかるだろう。

しかしほとんどのチームは、スクラムやラインアウトからのアタックを練習する時間に比べて、キックによる攻防を練習する時間は大幅に少ないのではないだろうか。時間には限りがあるのだから、練習では試合で起こる頻度が高く、かつ重要度の高いプレーに、より多くの時間を割くべきだ。特にキックの攻防はさまざまなシチュエーションがあり、キッカーだけでなくチーム全体の意思統一と戦術理解が大事になるだけに、もっと練習するべきではないかと思う。

また実際の試合を見ていると、「自陣だからキックを蹴る」、あるいは「敵陣ではキックは使わない」と最初から決めつけているように感じるチームが少なくない。しかしラグビーでは、前で面を張るディフェンスラインと、キックに備え後方に下がるプレーヤーの人数をふまえた上で、もっとも効果的な攻撃を判断し実行することが大切だ。相手ディフェンスラインの枚数が少ないなら自陣からでも積極的にパスをつないで攻めるべきだし、ディフェンスラインの背後にがら空きのスペースがあれば、敵陣でもキックを蹴ったほうがトライにつながりやすいケースもあるだろう。

自陣だからといって何の考えもなしにキックを蹴ると、結果としてただ相手にボールを渡すだけになってしまう。それでは多少陣地を進めたとしても、カウンターアタックで切り返されて逆に攻め込まれる可能性が高い。もし相手に強力なスピードランナーがいれば、一気にトライまで持っていかれる危険性もある。敵味方の陣形やプレーヤーの力量を考慮し、意図を持って、的確にキックを使い分けられるようになることが大切なのだ。

ひとつ例を挙げてみよう。最近は自陣のタッチラインに近い位置でのマイボールスクラムからキックを蹴る際、一度 CTB 周辺でポイントを作ってから蹴るプレーをよく見かける（図）。ではなぜ、わざわざ一度ポイントを作ってから蹴るのだろうか。

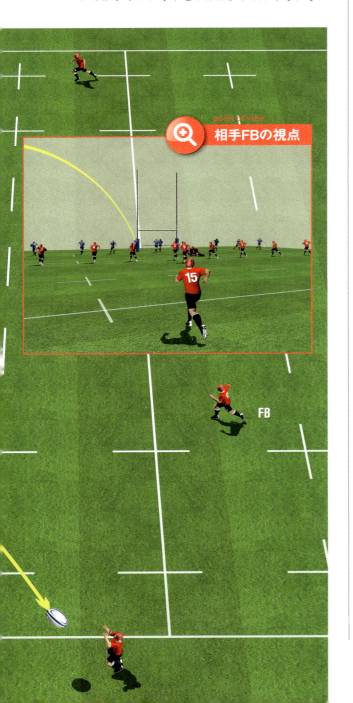

rugby tactics 009

【スクラムから直接蹴る場合】

スクラムが自陣22メートルラインの中にある場合は直接タッチに出すことができるが、タッチラインに近い位置から蹴ると、キックの角度がタッチラインと平行に近くなるため、長いタッチキックを蹴りにくい。そこで、ボールを動かしてグラウンド中央にポイントを作ってあげると、キッカーはもっともタッチを狙いやすい45度の角度でキックを蹴ることができる。

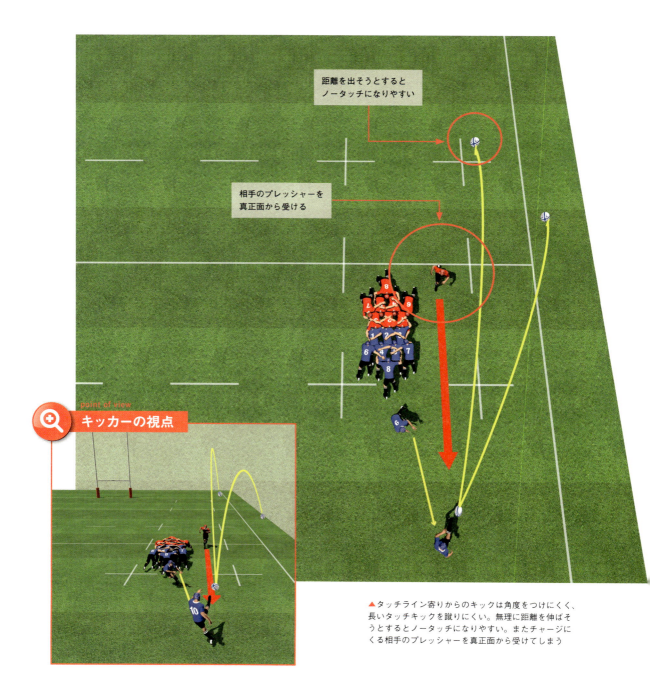

距離を出そうとするとノータッチになりやすい

相手のプレッシャーを真正面から受ける

point of view
キッカーの視点

▲タッチライン寄りからのキックは角度をつけにくく、長いタッチキックを蹴りにくい。無理に距離を伸ばそうとするとノータッチになりやすい。またチャージにくる相手のプレッシャーを真正面から受けてしまう

【グラウンド中央にポイントを作って蹴る場合】

また、タッチライン側のスクラムからそのままキックを蹴ろうとすると、蹴り込もうとする方向から相手がプレッシャーをかけてくるため、チャージされる危険性が高くなる。一方、真ん中にポイントを作ってから蹴れば、キッカーは相手にチャージされにくい角度で蹴ることができる。

一度ボールを動かしてポイントを作ってからタッチキックを蹴るのは、こうしたメリットがあるからなのだ。

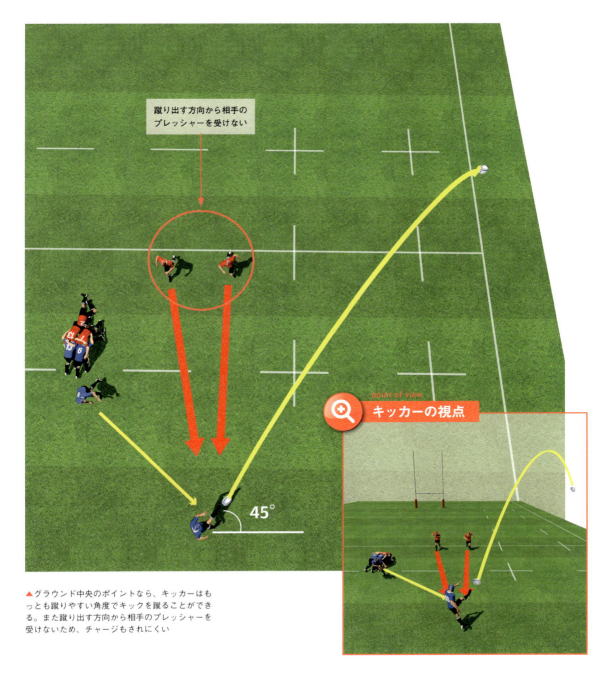

▲グラウンド中央のポイントなら、キッカーはもっとも蹴りやすい角度でキックを蹴ることができる。また蹴り出す方向から相手のプレッシャーを受けないため、チャージもされにくい

02 チェイス陣形を作る重要性

▶ レシーブした相手に自由に攻めさせない

　スクラムが自陣22メートルラインの外にある状況でキックを蹴る場合は、直接タッチに出すとダイレクトタッチで蹴った地点まで戻されて相手ボールのラインアウトになるため、必然的にノータッチキックを蹴り込むことになる。このシチュエーションこそ、「意図を持ってキックを蹴っているかどうか」が試される場面だ。

　スクラムは敵味方のFW8人全員が強制的に一か所に集められた状態であり、攻撃側にすれば大きなスペースがある絶好のアタックシチュエーションだ。しかし、いったんボールアウトしてポイントを作ると、相手FWはスクラムからブレイクしてディフェンスラインに加わることができる。その状況で何の意図もなくノータッチキックを蹴るのは、わざわざ相手がカウンターアタックをしやすいようお膳立てしているようなものだ。

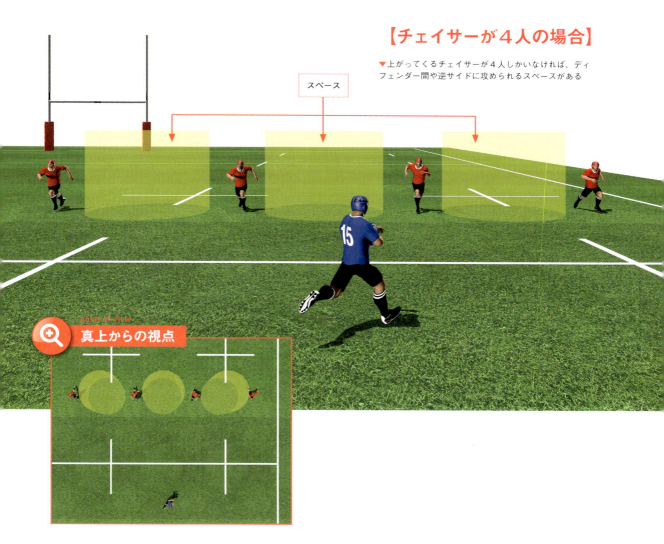

【チェイサーが4人の場合】

▼上がってくるチェイサーが4人しかいなければ、ディフェンダー間や逆サイドに攻められるスペースがある

スペース

point of view
真上からの視点

また、パスをつないでポイントを作りにいけば、エラーやターンオーバーでボールを失う危険性もある。つまり、いったんポイントを作ってからキックを蹴るのは、スクラムのメリットをなくしてしまう上、ボールを失う余分なリスクまで背負ってしまうわけだ。明確な目的もなくその状態にするなら、まだスクラムからすぐに蹴ったほうがいいと言える。

それでも、スクラムから一度ポイントを作ってから蹴ったほうがいい理由がある。それは、『味方のチェイス陣形を作ってからキックを蹴る』ためだ。

ノータッチキックを蹴る際にもっとも意識しなければならないのは、レシーブした相手に自由にカウンターアタックをさせないよう、チェイス陣形をしっかりと整えることだ。グラウンドの横に広がって立つディフェンダー（チェイサー）が4人の場合と、倍の8人の場合では、レシーバーが感じるプレッシャーは大きく違う（図）。チェイサーが4人しかいなければ攻められるスペースがたくさんあるが、8人が横一線に並んで上がってくると、相手は攻めるスペースがないため、キックを蹴り返すか、前進できずにつかまるのを覚悟で強引にアタックを仕掛けるしかない。

【チェイサーが8人の場合】

▼8人で上がってこられるとレシーバーは攻められる場所がない

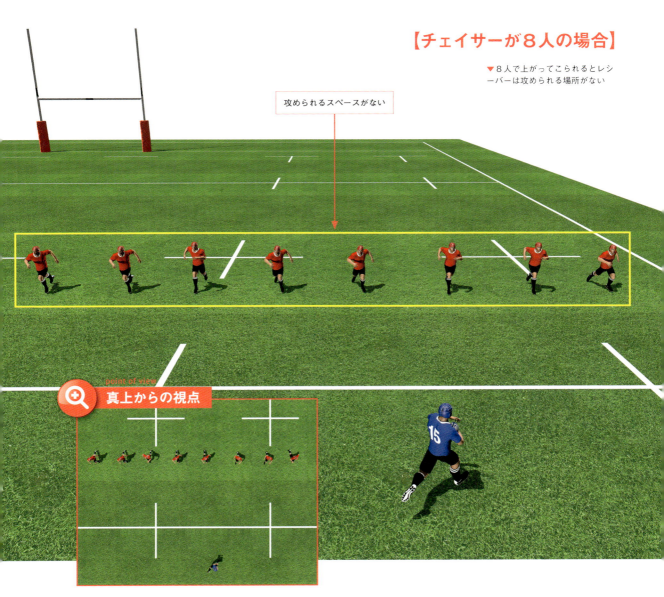

攻められるスペースがない

point of view
真上からの視点

またスクラムからSHやSOが直接キックを蹴ると、FWはどうしてもポジションによってブレイクのタイミングがズレるため、チェイスの面にギャップが生じる。もしスクラムが回ったり崩れたりすればさらにブレイクが遅れ、チェイス面を作る人数が減ってしまう（14ページ図）。

一方、スクラムからボールを動かして真ん中にポイントを作れば、塊になっていたFWが広がってチェイスに備えることができる（15ページ図）。その形を作ってからキックを蹴り込み、オンサイドをかけるプレーヤーがFWを追い越せば、FWは広がりながら前に出るだけで、整ったチェイス陣形を作ることができる。もちろんポイントを作ればオーバー（サポート）に入る選手が必要になるが、ラックにして最少人数でボールアウトするようにすれば、最低でもスクラムから直接蹴った場合より多い人数でチェイス陣形を作ることが可能だ。

このようにチェイス陣形が整った状態でプレッシャーをかけると、相手レシーバーは深い位置でつかまってピンチを招くのを避けるため、ボールを蹴り返してくる。この時、チェイスをかける選手以外のプレーヤーでこちらが蹴り返されたボールに対する陣形を後方に作っておけば、次の局面で優位な状況でアタックを仕掛けることができる。これが、「キックの蹴り合い」の基本的な戦略の考え方だ。

▶ スクラムから直接蹴ると、チェイス面を整えにくいため、凸凹のギャップを突破されやすい

▼ **スクラムから直接蹴ると
チェイス面にギャップができる**

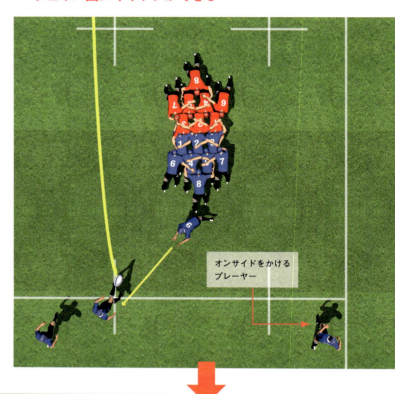

オンサイドをかけるプレーヤー

ブレイクのタイミングがズレてチェイス面にギャップが生じる

スクラムが崩れれば前3人はチェイスに参加できない

【グラウンド中央にポイントを作って蹴る場合】

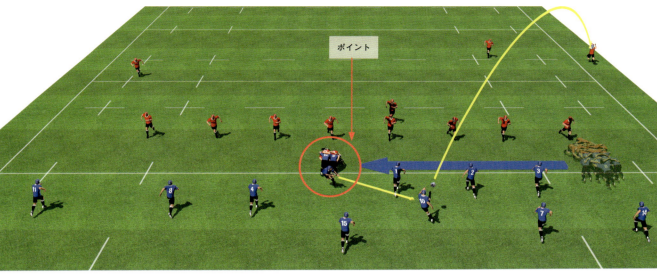

▲FWはポイント周辺でフリーになっているため、広がりながら前に出るだけでチェイス面が整う

 プレー選択の基準を作る

「キックの蹴り合い」の基本戦略をベースに、たとえばグラウンドの両端から内側10メートルまでのゾーンをA、内側10メートルから20メートルまでの間をB、真ん中の30メートルをCというように区分けすると、プレー選択を判断しやすい。真ん中のCゾーンのスクラムであれば蹴りやすい角度でキックを蹴ることができるため、ポイントを作らずそのままキックを蹴る。Bゾーンのスクラムではボールを動かしてCゾーン付近にポイント、Aゾーンのスクラムでは同様にして15メートルライン付近にポイントを作ってから蹴る。こうした基準をチームとして持っておけば、効果的にキックを使って陣地を進められるようになり、プレー選択で迷うことも大幅に減るはずだ。

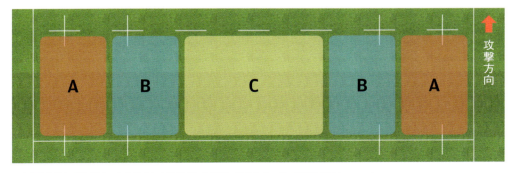

▲Aのスクラムでは15メートルライン上にポイントを作ってからキック。BのスクラムではCゾーン付近にポイントを作ってキック。Cのスクラムではノーポイントで直接キック。こうした基準を持つことで、プレー選択をチーム全員で共有できるようになる

03 キックのメリットとは

▶ 相手と接触することなくボールを前に進められる

　ハイパントやキックパスなど相手と競り合うことを前提としたキック（コンテストキック）を除いて、キックを蹴ればいったんは相手にボールを渡すことになる。しかし、たとえそうなるとしても、キックには依然として大きな有効性がある。

　キックの最大のメリットは、「もっとも手っ取り早くボールを前に進められる」ということだ。サッカーやバスケットボールのようにマンツーマンやゾーンディフェンスで守る競技と違い、ラグビーのディフェンスはボールを基準としてゴールラインと平行方向に防御の面（ディフェンスライン）を作って守る。組織防御が高度に発達した現代ラグビーでは、ランやパスだけでディフェンスラインを突破して前進するのは非常に難しい。その点キックは、接触することなく相手の頭越しにボールを前に進めることができる。

　その結果、相手にボールを渡すことになるとしても、陣形を整えてチェイスする方法と、蹴り合いになった時の対処法をチームとして持っておけば、高い確率で陣地を前に進められる。ラグビーは、陣地を前に進めるほど自分たちが得点する可能性が広がり、反対に失点する危険性が減っていく競技だ。また陣地を支配することにより、精神的にも優位に立つことができる。そうした展開に持ち込むためのキック戦術をチームとして備えることは、厳しい接戦を制する上で必須の要素と言える。

　ラグビーでは、ボールを手にした時にパス、ラン、キックの3つの選択肢がある。そしてアタックを成功させるためには、状況に応じてこの3つの選択肢を使い分けることが大切だ。特に近年はどのチームもディフェンスラインの面が整備されており、パスとランで横方向にボールを動かすだけではなかなか前進できない。相手ディフェンスを崩す上では、左右だけでなく縦の奥行きを使って前後にも揺さぶることが重要であり、そのためにはキックの活用が不可欠なのだ。

　日本のラグビーでは昔から、できるだけキックを使わずボールをキープして攻めるスタイルをよしとする風潮があり、そうしたチームが人気を博してきた。しかし3つの選択肢のうちパスとランの2つしか使わなければ、相手ディフェンスはそれだけ的を絞りやすくなる。それでは、四分六で力が上回る相手との接戦を競り勝つのは難しい。

【パス、ラン、キックがある場合】

▼3つの選択肢を使い分けることで、局面の攻防において有利な状況を作り出せる。キックを使わなければ、選択肢のひとつを放棄することになる

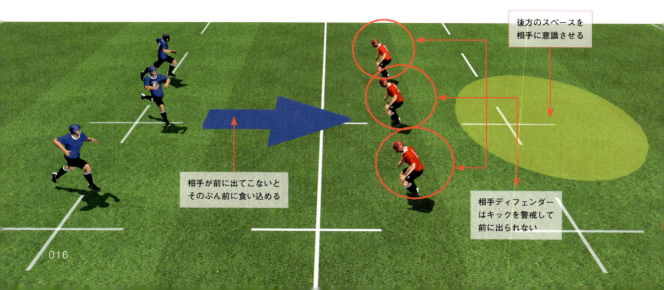

相手が前に出てこないとそのぶん前に食い込める

後方のスペースを相手に意識させる

相手ディフェンダーはキックを警戒して前に出られない

04 キックが精神状態に与える影響

▶ ポイントは「意図を持って蹴った結果かどうか」

　ラグビーでは、相手のゴールラインに近づくほど得点の可能性が高まる。そのため、陣地を前に進めることは、精神的な優位性につながる。どれほど強いチームでも、自陣ゴール前で戦う時間が続けば平常心ではいられなくなるし、なかなか本来の力を発揮できない。こうしたことから、キックで効率よく陣地を進めることは、試合の主導権を握るための大きな要素だと言える。

　またキックの蹴り合いの場面を分析すると、相手が明確な意図とプランを持ってキックを蹴っているのか、さしたる狙いもなくただ蹴り返しているだけなのかがわかる。もしただ蹴り返してくるだけのチームなら、キックで陣地を進められてプレッシャーをかけられる心配はほとんどない。それによって精神的に余裕が生まれ、自分たちの狙い通りに試合を組み立てやすくなる。

　たとえば試合では、中盤のマイボールスクラムを起点とした攻撃からキックの蹴り合いをして、最終的に相手がタッチに蹴り出し、最初の攻撃起点から3メートルほど進んだ位置でのマイボールラインアウトになった——といったケースがしばしばある。この時、自分たちが明確な狙いを持って蹴り合いに持ち込み、相手が「とりあえず蹴り返しておこう」という感じで蹴った結果そうなったのであれば、「次に蹴り合いをする際はこうやれば大きく陣地を進められる」という手応えをつかめる。そうなると、わずか3メートルの前進であっても、それには大きな意味があると言える。

　一方、自分たちにさしたる意図もなく、ただ前に出たいからといって蹴った結果そうなったとしたら、選手たちは「せっかくマイボールスクラムだったのにたった3メートルしか前進できなかった」と感じてしまう。それぞれの場合で、次のラインアウトに向かう時の精神状態はまったく違うはずだ。

　なお、意図的な蹴り合いをして前進した後のマイボールラインアウトでは、もっとも確実性の高い方法でボールを確保することを意識したい。それにより、「キックで陣地を進め、マイボールラインアウトから準備したプレーでさらに前進する」という試合展開の流れができるので、いっそう精神的な優位性が高まる。そうやって局面と局面をつなぎ、いいリズムを作り出すことが、本当の「ゲームメイク」だ。

▲自陣にいる時と、敵陣にいる時では、チームの精神状態が大きく違う。自分たちがいまどのエリアで戦っているかを認識し、陣地を進めるための駆け引きを考えながらプレーできるようになることが大切だ

05 キックの種類とそれぞれのポイント

▶ チームで意思を統一してキックを使い分ける

　ラグビーのキックは、大きく分けて①**タッチに蹴り出すキック**、②相手に渡すことを前提に**ノータッチで蹴り込むキック**、ハイパントやチップキック、キックパスのように③**再獲得を狙うキック**——の3つに分類することができる。

① タッチに蹴り出すキック

　①タッチに蹴り出すキックは、陣地を進めつついったんプレーを切り、ディフェンス陣形を整えた状態でリスタートすることを目的に蹴るキックだ。自陣22メートル内であれば直接蹴り出すキック、自陣22メートルの外であればバウンドしてタッチの外に出るキックを蹴ることになるが、どちらの場合も共通して意識したいのは、「グラウンド中央のポイントから蹴る」ということだ。先述したように、タッチキックを蹴る場合はグラウンド中央付近からのほうが角度をつけられるため、タッチラインの外へ蹴り出しやすい（図B）。

　タッチラインに近い位置から蹴ると、キックの軌道がタッチラインと平行に近くなるため、わずかなコントロールミスでノータッチになりやすく、距離も出しにくい（図A）。「陣地を進めつつプレーを切ってディフェンスを再整備する」という目的を確実に果たすために、まずはキッカーが蹴りやすい状況を作り出すことを大事にすべきだ。

　実際に試合を見ていると、「なぜ端の位置から簡単にキックを蹴ってしまうのか」と感じる場面がとても多い。少し我慢して内側にポイントを作り直すだけで長いタッチキックを蹴る確率が大幅に高まるのに、辛抱できずタッチライン際から蹴って数メートルしかゲインできなかったり、ノータッチになってカウンターアタックを食らったりするシーンをよく目にする。おそらくは「早くプレーを切りたい」という逃げの気持ちから、つい端のポイントからでも蹴ってしまうのだろう。結果としてほとんど陣地を進められず、相手ボールのラインアウトからモールを押し込まれてトライを奪われる——というのは、試合でよくあるパターンだ。

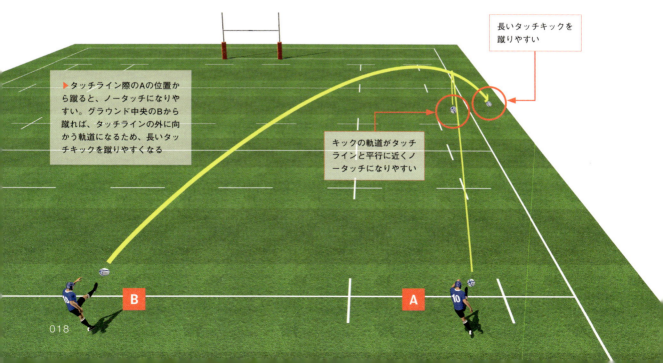

▶タッチライン際のAの位置から蹴ると、ノータッチになりやすい。グラウンド中央のBから蹴れば、タッチラインの外に向かう軌道になるため、長いタッチキックを蹴りやすくなる

キックの軌道がタッチラインと平行に近くノータッチになりやすい

長いタッチキックを蹴りやすい

② 相手に渡すことを前提にノータッチで蹴り込むキック

②ノータッチキックを蹴る場合は、相手にボールを渡すことが前提になるため、チェイス陣形をしっかりと形成することがポイントになる。そこに相手がカウンターアタックを仕掛けてくれば、囲い込んで前で倒してターンオーバーを狙えるし、カウンターは無理と判断した相手がキックを蹴り返してくれば、ふたたびこちらがボールを手にできる。

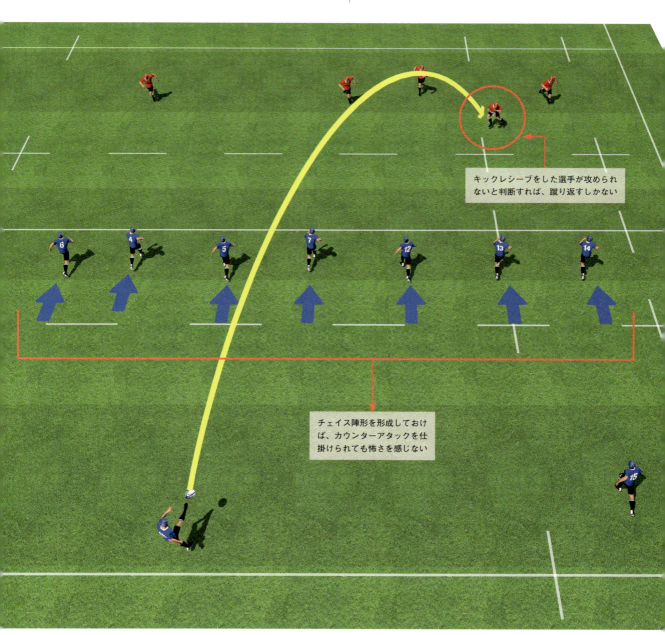

キックレシーブをした選手が攻められないと判断すれば、蹴り返すしかない

チェイス陣形を形成しておけば、カウンターアタックを仕掛けられても怖さを感じない

▲チェイス陣形を形成して蹴り込むと、相手がカウンターアタックを仕掛けてくれば前で潰せるし、蹴り返してきても怖さを感じない

もしノータッチキックを蹴った後にチェイス陣形がなければ、わざわざ攻めやすい状況で相手にボールを渡してアタックチャンスをあげるようなものだ。「そんなの当たり前だろう」と感じるかもしれないが、実際に試合を見ていると、ボールを持った時に前に出る方法がないからといってやみくもにキックを蹴り、ピンチを招いているケースは意外に多い。しっかりとチェイス陣形を作ってから蹴るための方法を、チームとして準備・確立しておくことが重要だ。

 チェイス陣形がないまま蹴る

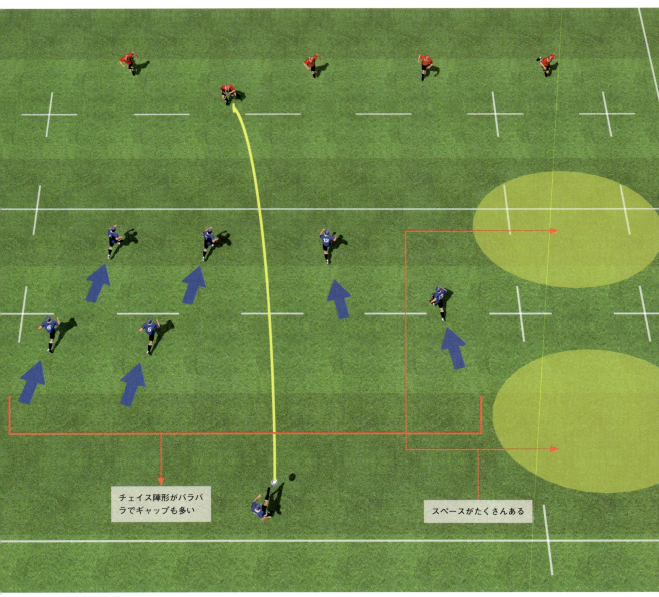

チェイス陣形がバラバラでギャップも多い

スペースがたくさんある

▲チェイス陣形がないと、ボールをレシーブした相手は攻めるスペースや穴がたくさんある。チームとしての意思統一がなく、やみくもにキックを蹴ると、こうした状況を招きやすい

③ 再獲得を狙うキック

　③再獲得を狙うキック（コンテストキック）は、直接タッチに蹴り出せる自陣22メートルラインより内側では通常あまり見られず、チャンスを作ったりトライを狙ったりする方法として、中盤から敵陣の22メートルラインまでのエリアで使われることが多い。このキックのポイントは、「味方チェイサーがタイミングよく到達する位置に、正確にキックを蹴ること」だ。

　たとえばハイパントの場合、蹴ってからボールが落下するまでの時間は、おおむね3.5秒から4秒強ほどになる。自チームのキッカーのハイパントの滞空時間がどれくらいあり、その間にチェイサーがどれくらいの距離を走れるかによって、キックを落とす最適な位置が決まってくる。それを、チーム全員であらかじめ認識しておく必要がある。

　なお、毎回100パーセントの力で蹴って正確な位置にハイパントを上げられるのが理想だが、100パーセントで蹴るとコントロールが著しく低下するようなら、力を80パーセントにセーブしてコントロールを重視したハイパントを蹴るようにすべきだ。繰り返しになるが、コンテストキックの一番のポイントは「狙い通りの位置にボールを落とし、そこへタイミングよくチェイサーが到達すること」だ。どれだけ滞空時間の長いハイパントを蹴っても、落下地点がバラバラで味方チェイサーが追いつけないようでは、コンテストにならず相手は余裕を持ってキャッチできる。キックとチェイサーがちょうど同調するように蹴ることこそがもっとも重要であり、それを最優先すべきだ。ショートパントやキックパスに関しても、同様の条件は当てはまる。

　こうしたことを考えていくと、ハイパントを蹴り込む位置や味方チェイサーの追い方、またオフサイドの位置にいる味方FWがどれくらいまで下がらなければならないかといったことも、おのずと決まってくる。それらをチーム全体に落とし込んでおけば、キッカーがよほどのミスキックをしない限り、オフサイドでペナルティを取られることはほぼなくなるはずだ。

GOOD ▼ キックとチェイサーがちょうど同調している

▼ キックとチェイサーが合わないと、簡単に相手にキャッチされてカウンターアタックを許してしまう。精度と滞空時間のバランスを考えて蹴ることが大切だ

NG ▼ キックが長すぎてチェイサーが追いつかず相手が余裕をもってキャッチできる

06 キックに関わるルール

● ルールを理解することで自分のすべきことが明確になる

【ボール落下地点から10メートル以内の選手】

キックに関するルールでまず理解しなければならないのは、言うまでもなくオフサイドだ。蹴った時点でキッカーより前にいる味方選手はすべてオフサイドプレーヤーとなるが、その時もっとも意識しなければならないのは、「自分がボールの落下地点からどれくらいの位置にいるか」ということだ。

まずボールの落下地点から10メートル離れた想定上のラインより前にいるプレーヤーについては、ただちに10メートルより後ろへ後退しなければならない。10メートルより前で少しでもプレーの意思を見せれば、即座にオフサイドのペナルティとなる。

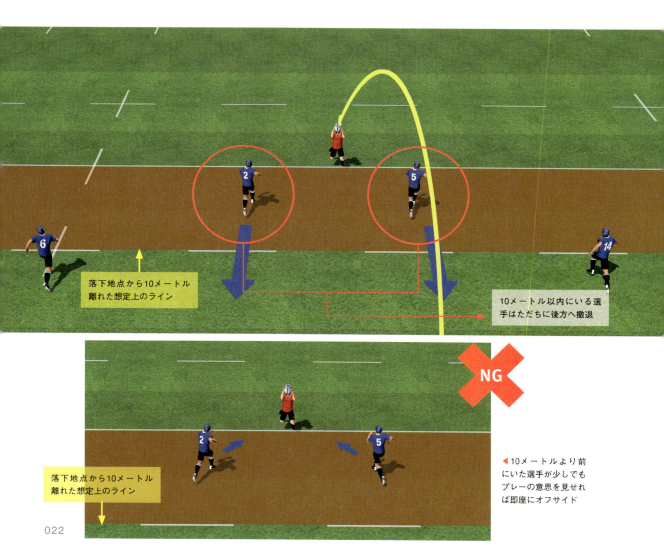

落下地点から10メートル離れた想定上のライン

10メートル以内にいる選手はただちに後方へ撤退

NG

落下地点から10メートル離れた想定上のライン

◀10メートルより前にいた選手が少しでもプレーの意思を見せれば即座にオフサイド

【10メートル以上離れた位置にいるオフサイドプレーヤー】

また、10メートル以上離れた位置にいる選手も、オフサイドが解消する前にボールのある方向へ進むと、ペナルティをとられる。その場でじっとしているだけでもオフサイドの対象となるので、必ず後退する明確な意思を示さなければならない。

キッカーより前にいるオフサイドプレーヤーは、味方のオンサイドプレーヤーに追い抜かれるなどしてオンサイドになるまでは「後退し続ける」というのが共通原則であり、プレーヤー全員がそれをしっかりと理解しておく必要がある。

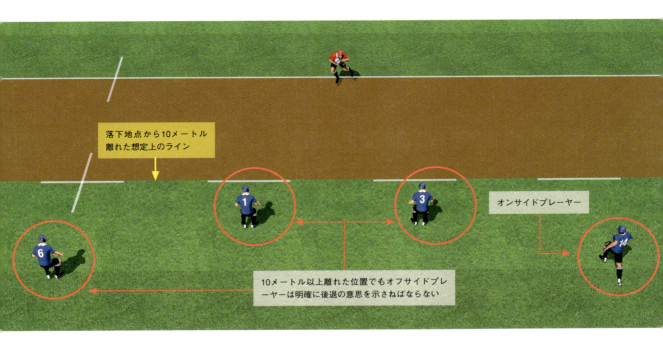

落下地点から10メートル離れた想定上のライン

オンサイドプレーヤー

10メートル以上離れた位置でもオフサイドプレーヤーは明確に後退の意思を示さねばならない

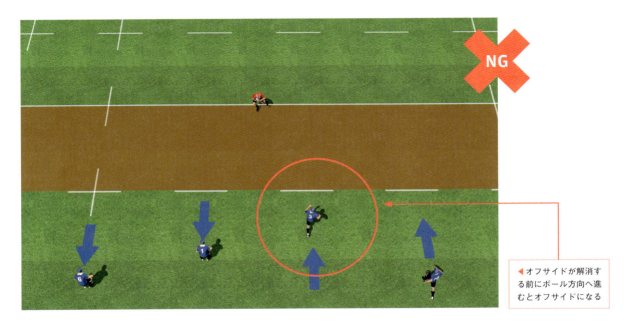

NG

◀オフサイドが解消する前にボール方向へ進むとオフサイドになる

【オフサイドプレーヤーがオンサイドになる条件】

ただし、落下地点から10メートル以上離れた位置にいるオフサイドプレーヤーについては、味方オンサイドプレーヤーに追い抜かれる以外にも、オンサイドになる条件がある。それは、①ボールをレシーブした相手選手が5メートル以上走る、②ボールをレシーブした相手選手がパスまたはキックをする、③相手選手が故意にボールに触れる（足でトラップ、キャッチミスなど）、の3つだ。

これらのプレーが起こった瞬間、オフサイドは解消になり、キッカーより前にいた選手（落下地点から10メートルの想定上のラインより前にいた選手は除く）であってもプレーできるようになる。このルールをきちんと理解していれば、味方のオンサイドプレーヤーに追い抜かれなくてもいち早く反応してプレーに参加できる。「ボールのある地点から後退し続ける」という基本原則を遵守した上で、自分がどのタイミングでプレーに参加できるかを認識できるようになることが大切だ。

① 相手レシーバーが5メートル以上走る

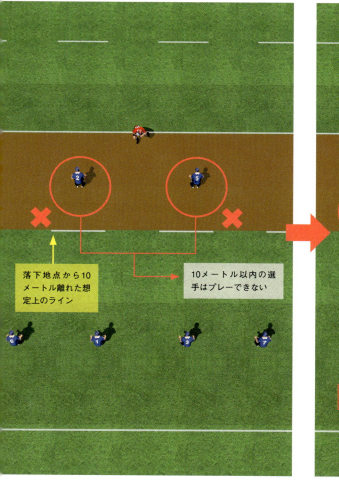

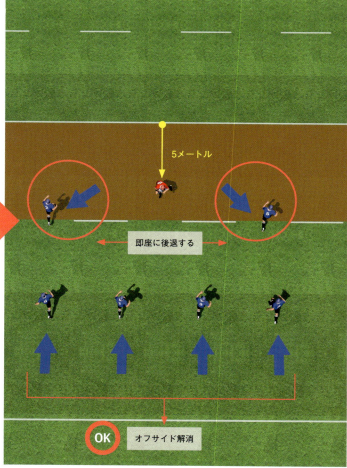

▼10メートルの想定上のラインより前にいた選手は即座に後退しなければならないが、後ろにいた選手はレシーバーが5メートル走ればオフサイド解消となる

なお、グラウンド上で10メートルの距離を正確に目で確認できるのは、ハーフウェーラインと10メートルラインのある場所だけだ。実戦ではそのエリア以外でプレーが行われるケースのほうがはるかに多く、レフリーやアシスタントレフリーがどんな時も正確に10メートルの想定上のラインをジャッジできるわけではない。

そう考えれば、10メートルギリギリを狙うのではなく、落下地点から13〜15メートルほど後方まで後退するようにしたほうが無難だろう。そこまで離れれば、まず10メートルオフサイドのペナルティをとられることはないし、オフサイドが解消した瞬間にボールに対してすばやく反応することもできる。

こうしたルールを理解していないと、せっかくキックを戦術的に活用して陣地を進めようとしているのに、ペナルティをとられて逆に大きく陣地を後退させられてしまうことになる。それではプラン通りに試合を進めることなどまずできないだろう。特にキックにまつわるルールは複雑で、起こる頻度が低いものもあるので、きちんと整理して理解しておく必要がある。

② 相手レシーバーが パスまたはキックをする

③ 相手選手が 故意にボールに触れる

07 キックを効果的に活用するための要素

▶ 判断基準は「前進したか」「どちらのボールか」

　キックが効果的だったか効果的でなかったかを判断する基準は、「攻撃起点から前進したか」と、「どちらのボールになったか」の2つだ。もともとボールがあった位置から前に進めば進むほど、そのキックは有効であり、なおかつマイボールにできれば、さらに効果的なキックだと言える。逆に、結果として最初の地点より後方に下がり、相手ボールになるようなキックは、絶対に避けなければならない。先に述べたように、キックとはボールの保持権をいったん手放して前進を図るプレーだ。せっかくの攻撃機会を使って陣地を下げられたら、「何のためにキックを蹴ったのか」となってしまう。

　では、そうした状況を招かないようにするためには、どうすればいいだろうか。最大のポイントは、「グラウンドを立体的にとらえて選手を配置すること」だ。

　キックボールを追ってプレッシャーをかける「前のチェイス面」をしっかり整えつつ、後方のスペースにも選手を配置して相手の蹴り返しに備える。さらにその間を狙ったショートパントに対応する選手を中盤に置けば、相手がランやパスで仕掛けてきても、どの位置にキックを蹴り返してきても、しっかりと対応することができる。この陣形を蹴り合いの中で作れるようになると、「キックを蹴ったのに結果として陣地が下がってしまった」というケースを招くことは、ほとんどなくなるだろう。

【理想的なチェイス陣形】

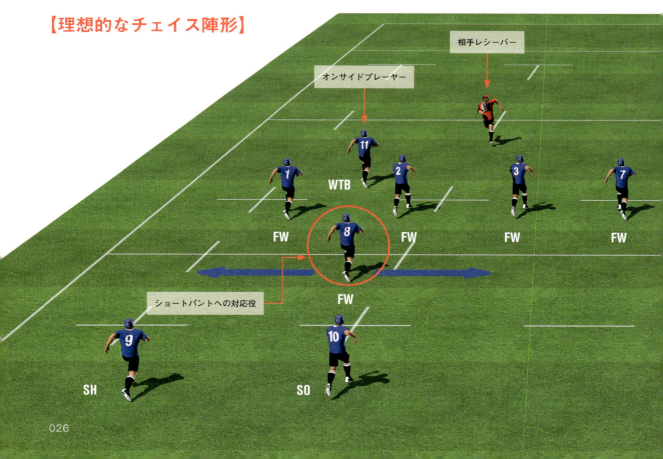

具体的に例を挙げて図で説明してみよう。12番、8番、5番の選手で作ったポイントから、SHがSOにパスをしてキックを蹴った。前のチェイス面にオンサイドをかけるプレーヤー（WTB）を含め9人が並び、キックに備えてSH、SO、FBの3人が後方に下がる。さらにショートパントへの対応役としてその間に3人（FW、CTB、前後に動くWTB）を配置し、「9－3－3」の陣形を作る（誰をどこに配置するかはチームによって異なる）。この状態で必ず前のチェイス面より10メートル以上前方にキックを蹴り返すようにすれば、チェイス面のプレーヤーはキックのたびに大きく前後へ動かなくてもきちんと相手のカウンターアタックに対しディフェンスでき、なおかつ後方への蹴り返しや、間のスペースを狙ったショートパントにも対応することができる。これが、「グラウンドを立体的に守る」ということだ。

このように考えると、キックが効果的だったかどうかを決めるのは、キックの精度だけでなく、キッカー以外のプレーヤーの動き方も大きく関係していることがわかるだろう。どれほどピンポイントで長いキックを蹴り込んだとしても、チェイス陣形が整っていなければ相手は簡単にカウンターアタックで前進することができるし、後方のスペースを押さえていなければ、蹴り返しで戻されてしまう。逆に、さほどキックの精度が高くなくても、立体でグラウンドを守って相手の打つ手がない状態にできれば、それは十分効果的なキックになる。自分たちが優位に立てる陣形を作ることが何より重要であり、単にいいキッカーがいるだけで効果的なキック戦術を身につけられるわけではないということは、肝に命じておくべきだ。

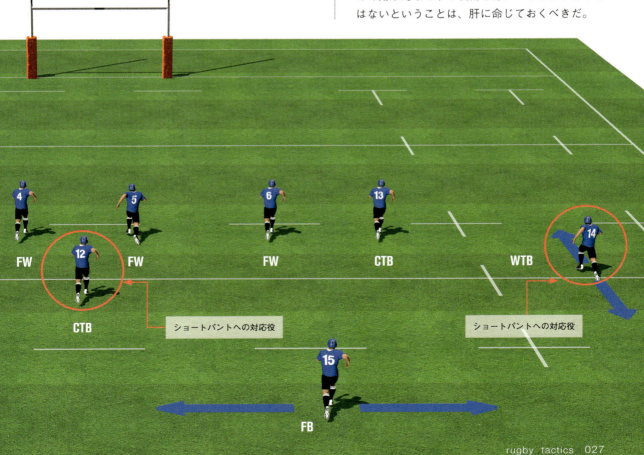

また、堅固なチェイス面を形成した上で相手の最後方の選手にキャッチさせるキックを蹴ると、レシーバーは蹴り返すしかなくなり、ふたたびマイボールで攻めることができる。もしそこで相手がカウンターアタックで無理に攻めてくれば、チェイスするディフェンダーが圧倒的に優位な状況でタックルすることができる。そうなれば相手のサポートプレーヤーは戻りながら密集に入らなければならないのに対し、こちらは前にたたみかけながら入れるので、乗り越えてボールを奪える可能性が高い。

【相手レシーバーが無理にカウンターアタックをしてきた場合】

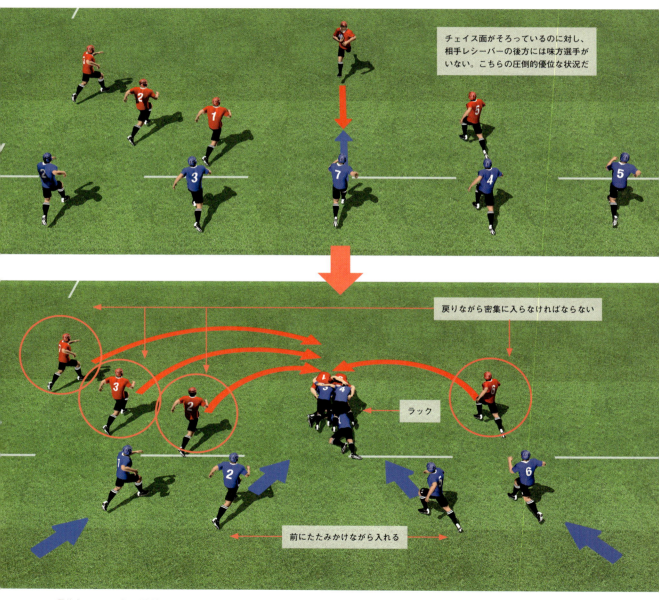

▲最後方のレシーバーが強引にカウンターアタックを仕掛けてきたところを前で潰せば、相手サポートプレーヤーは戻りながら密集に入らなければならないのに対し、こちらは前にたたみかけられる。ターンオーバーのチャンスだ

さらに、グラウンド端の「タッチラインから15メートルラインの間のゾーン」にキックを落とすことができれば、相手はまっすぐ蹴り返すしかないため、チェイサーはプレッシャーをかけやすいA。カウンターアタックを仕掛けるにしても、攻める方向がオープンサイドの一方向しかないので、ディフェンス側が守りやすい状況になる。こうしたことまで意識してチームとしてキックを戦術的に駆使できるようになると、一段上のレベルで試合を組み立てられるようになる。

【キックを落とす位置による守りやすさの違い】

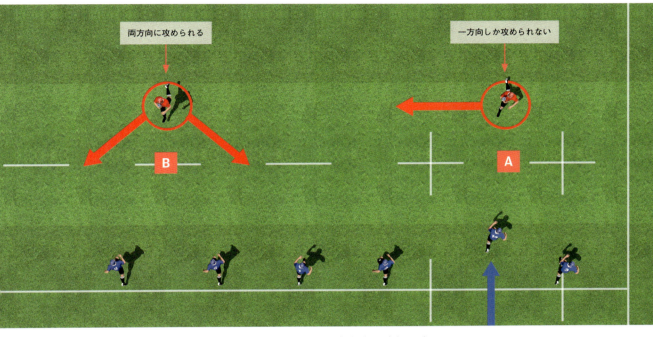

▲タッチラインと15メートルライン間のAの位置にキックを落とせば、相手は一方向しか攻められない。しかし中央のBの位置に蹴ると、相手は両方向に攻められる有利な状況になる

Point チェイサーの消耗度を考える

　キックの際にもうひとつ頭に入れておきたいのは、前でチェイス面を作るプレーヤー（主にFW）の移動距離だ。蹴り合いになった時、キックのたびに前に出て、戻ってという動きを繰り返すと、必然的に前のプレーヤーの消耗度は高くなる。「この状況はキックを蹴り返す」「この場合はカウンターアタックを仕掛ける」という約束事をチーム全員で共有し、なおかつキックに関わるルールを理解した上で、適切なポジショニング（オフサイドにならないギリギリの位置でじわじわと後退する）ができれば、前のプレーヤーはムダ走りを減らして体力を温存することができる。そこまで考えて、チェイサーが前に出るところで次のプレーが行われるようなキックを蹴ることが、キッカーの役割であり、効果的なキックの使い方と言える。

08 複数キッカーを擁する重要性

▶「蹴る位置」が増えればキック戦術が多彩になる

15人のメンバーの中にキックを蹴ることのできる選手が多ければ多いほど、チームとしてのキック戦術のバリエーションは増える。ひとりしかキッカーがおらず、しかもその選手が毎回同じ位置に立っていれば、相手のFBは気を配らなければならないエリアが限られるので楽だろう。キックの出どころが複数あると、相手はどこに蹴られるかが読めないため、対応が後手になる。チャージにくる相手選手のプレッシャーも分散するため、キッカーも蹴りやすい。

【キッカーが1人の場合】

片サイドの後方だけをケアすればいい

キッカー

point of view
相手FBからの視点

キッカー

チーム戦術にキックを組み込むためには、最低でも15人の中に2人はキックを蹴ることのできる選手を入れておきたいところだ。右利きと左利きで合わせて3枚のキッカーをそろえられれば理想的。どうしても右利きのキッカーは左サイド、左利きのキッカーは右サイドへのキックを蹴りにくい。左右両方のキッカーがいると、グラウンドのどこにボールがあっても、どの方向に対しても効果的にキックを使うことができる。

【キッカーが2人の場合】

▲キッカーひとりの場合は、相手FBはキッカーがいるサイドの後方だけをケアすればいいが、複数のキッカーがいる場合は両サイドをケアしなければならない。当然キックへの対応は遅くなる

またチーム事情でひとりしかキッカーがいないとしても、「蹴る位置」を増やすことは可能だ。SOがキッカーだとして、いつもSOの位置から蹴るのでは、相手は的を絞りやすく、蹴り込めるゾーンも限定される。しかし、他の選手とポジションを入れ替えてボールを動かしたところから蹴るオプションを持っていれば、選択肢は大幅に広がる。特に力の拮抗した相手との接戦を制する上で、その違いは大きい。

　たとえば右利きのキッカー1枚だけのチームが、自陣22メートルライン外の左サイドのマイボールスクラムからキックを蹴ろうとすると、スクラムの後方に立ってまっすぐ蹴り込むか、いったんボールを動かしてグラウンド中央にポイントを作ってから右奥に蹴るのが、一般的な選択肢だろう。この時、キッカーをFBの位置に配し、SO（FB）からCTBの裏を通してパスをつなげば、一度ポイントを作らなくてもグラウンド中央から右奥に

【キッカーの配置を変え、「蹴る位置」を増やす例】

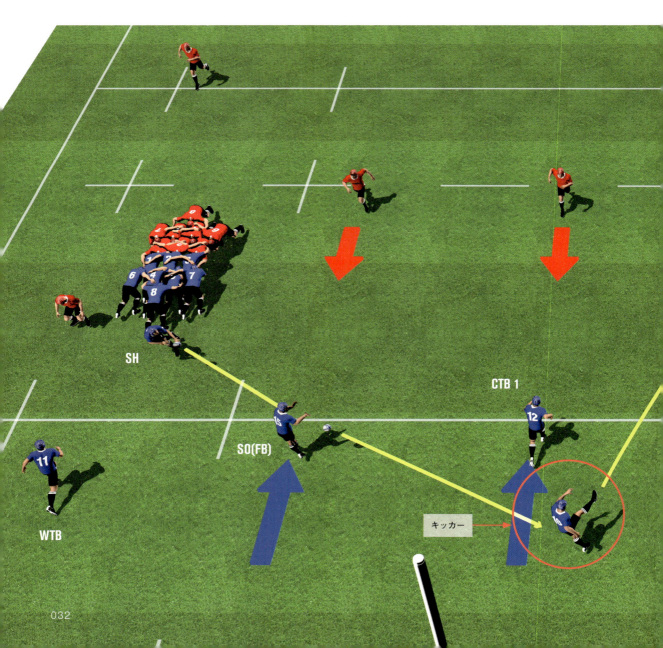

キックを蹴ることができる（図）。あるいは右WTBの位置にキッカーをポジショニングさせ、一気にワイドに振って相手FBが前に出てきたところでまっすぐ裏へ蹴り込むのもいいだろう。私が指導する際は、このようにキックを蹴れる「位置」を、最低3か所は作るようにしている。

対戦相手のレベルが上がるにつれて、単純にアタックするだけでは前進させてもらえず、トライも取れなくなる。そんな時、メンバーにいいキッカーが複数いれば、キックで陣地を進めてPGでスコアを重ねたり、ゴール前のモールでトライを狙うといったゲームプランを立てることができる。またロースコアのゲームになるほど、いかに敵陣で戦えるかが勝敗を大きく左右する。苦しい場面で「いいキッカーがいれば…」と嘆くのはもったいないし、いいキッカーは一朝一夕に育てられるものではない。シーズンを通して計画的にキッカーを育成していくべきだ。

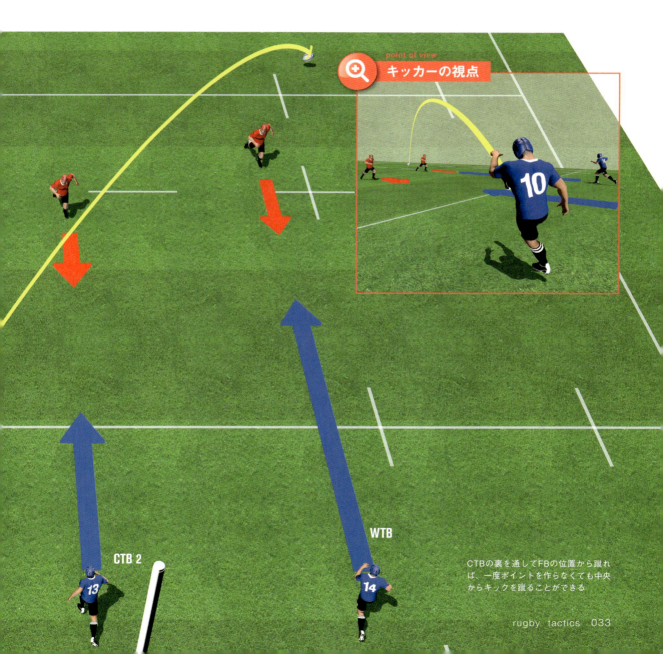

point of view
キッカーの視点

CTBの裏を通してFBの位置から蹴れば、一度ポイントを作らなくても中央からキックを蹴ることができる

09 SHからのキック

> 瞬時にFWをオンサイドにできる有効なキック

【SHから蹴る場合】

▼SHが蹴るタイミングに合わせてオンサイドプレーヤーが走り込めば、蹴った直後に前の味方FWをオンサイドにできる

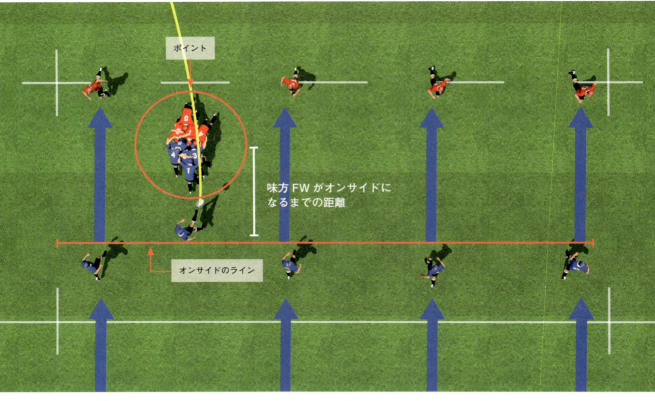

ポイント
味方FWがオンサイドになるまでの距離
オンサイドのライン

point of view
真横からの視点

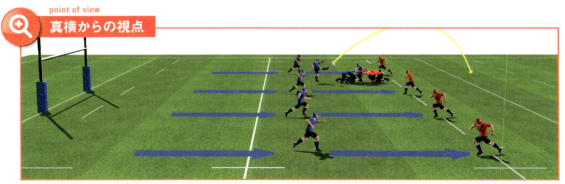

「キックを蹴る位置を増やす」という点では、SHからのキックも忘れてはならない。特に現代ラグビーではSHのキックが重要になるケースが多く、キック戦術の幅を広げる上で欠かせない要素となっている。

SHからキックを蹴るメリットのひとつは、キッカーより前のオフサイドの位置にいるFWを、短時間でオンサイドにできるということだ。SOからキックを蹴る場合は、ポイントからいったん大きくボールを下げるため、オフサイドの位置が後方に下がる。そのぶんオンサイドプレーヤーが前のFWを追い抜くまでに時間がかかってしまう。一方SHから蹴る場合は、キックのタイミングに合わせて後方のオンサイドプレーヤーを走らせれば、蹴った直後に前にいるFWをオンサイドにできる。

【SOから蹴る場合】

▼SOの位置までボールを下げるため、オフサイドラインも下がり、そのぶん味方FWがオンサイドになるまで時間がかかる

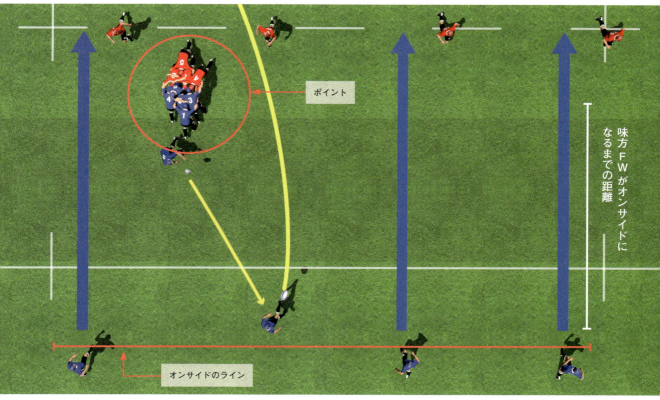

ポイント

味方FWがオンサイドになるまでの距離

オンサイドのライン

point of view
真横からの視点

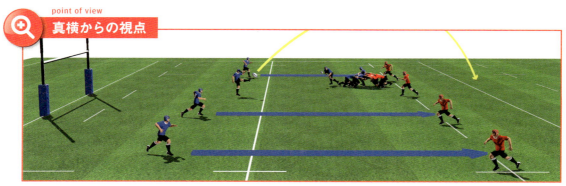

▼ グラウンド中央スクラムはSHからのキックのチャンス

　ただし、SHからのキックは相手との間合いが近いため、ロングキックを蹴るのはなかなか難しい。ほとんどはハイパントやディフェンスラインの裏に転がすショートパントなど、再獲得を狙うコンテストキックになる。

　例外はグラウンド中央でのスクラムの状況だ。この場合は相手ディフェンスが左右に分かれて引き気味に守ることが多いため、右奥のコーナーに転がってタッチへ出ていくようなキックを蹴ることができる（左サイドは相手SHがボールの位置まで出られるのでキックは使えない）。BKに左利きのキッカーがいるなら、その選手を左サイドに立たせて相手FBをそちらサイドにポジショニングさせられれば、よりSHのキックで右コーナーを狙いやすくなる。

　センタースクラムで左右両サイド、さらにはSHからもキックで陣地を進められるという印象を与えておくと、相手ディフェンスはキックケアに意識が傾くため、前へ上がりにくくなる。そうなれば今度は、ディフェンスのプレッシャーが軽くなり、パスやランによるアタックを仕掛けやすい状況が生まれる。試合の序盤は相手も体力があって元気なので、そう簡単にはランでディフェンスを突破できない。まずはキックで陣地をとっておくと、あとで似た状況を迎えた時に相手FBが迷うため、さまざまなオプションを仕掛けやすくなる。こうした駆け引きまで考えて、試合を組み立てられるようになりたい。

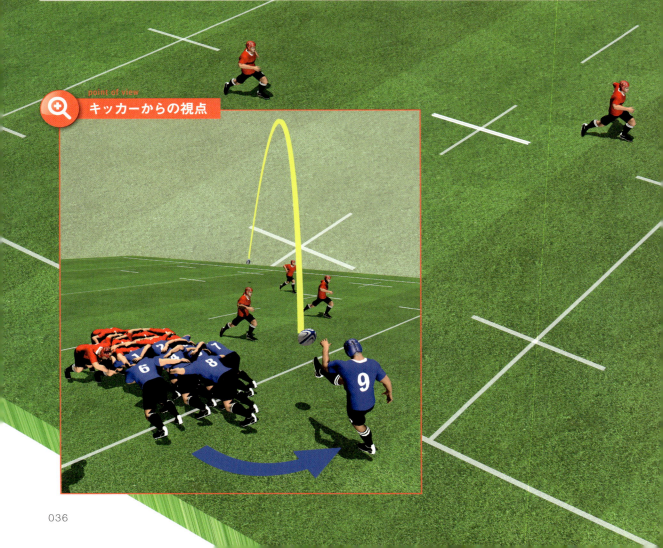

point of view
キッカーからの視点

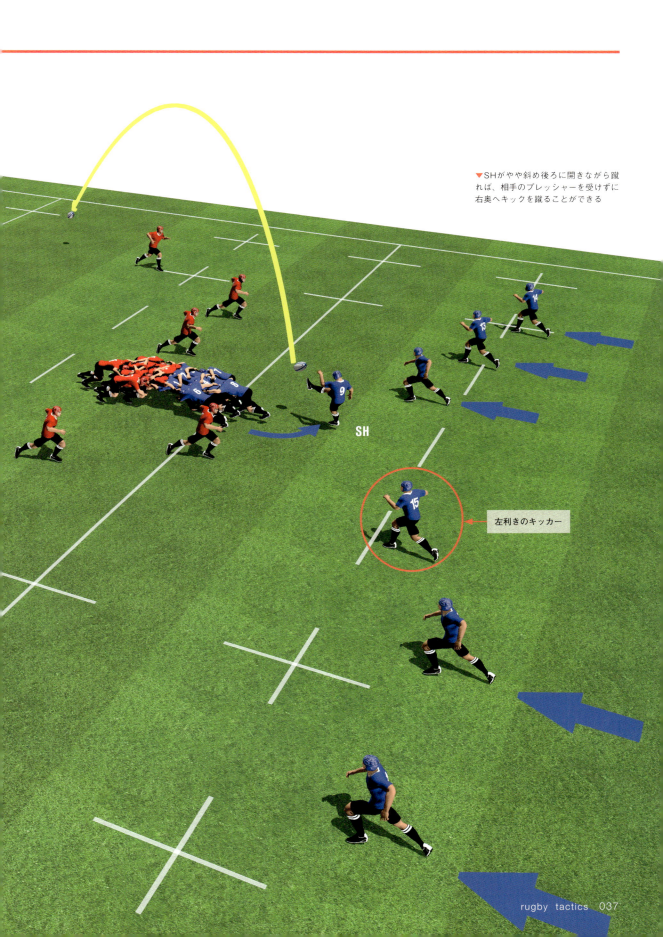

▼SHがやや斜め後ろに開きながら蹴れば、相手のプレッシャーを受けずに右奥へキックを蹴ることができる

左利きのキッカー

10 カウンターアタック

> 次の攻撃を仕掛けやすい状況を作り出すことが第一

▼ 味方FWの位置を考慮して判断する

【味方FWが遠い場合】

▼味方FWが遠い時にカウンターアタックを仕掛けて相手につかまると、FWのサポートが遅れターンオーバーされやすい

point of view
ボールキャリアーからの視点

味方FW

レシーバー

「カウンターアタック」と言うと、多くの人は相手のキックをレシーブしたFBやWTBが、スピードを生かしてビッグゲインするシーンを思い浮かべるのではないか。しかし、華麗なランで長い距離を走るだけが、カウンターアタックではない。大きなゲインはできなくても、確実にボールをキープし、次の攻撃を仕掛けやすい状況を作り出すことができれば、それは十分なカウンターアタックだと言える。

カウンターアタックを仕掛ける上でまず意識しなければならないのは、「味方FWの位置」だ。下の図を見てほしい。味方FWがレシーバーに近ければ、相手のチェイサーにつかまってもすぐにサポートできるが、FWが遠い位置にいるのにレシーバーが強引にアタックを仕掛ければ、相手につかまった時にサポートが遅れ、ボールを失う可能性が高くなる。こうしたケースでは蹴り返したほうがいいだろう。

【味方FWが近い場合】

▼味方FWが近ければ、つかまってもすぐにサポートできるためボールを失う可能性は低い

point of view
ボールキャリアーからの視点

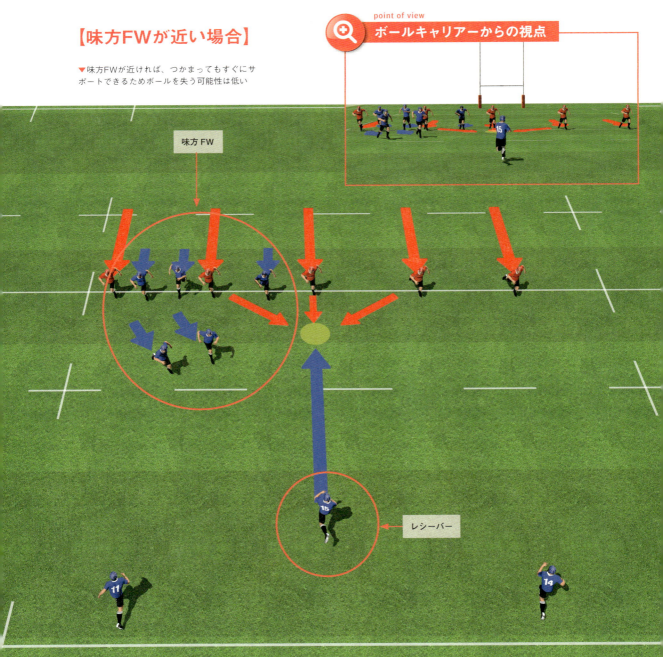

▼ 相手のチェイス陣形によっても選択は変わる

　また、「相手のチェイス陣形が整っているかどうか」も、カウンターアタックを仕掛ける際の重要な条件となる。相手が完璧なチェイス陣形で待ち構えているところに無理やり突っ込んでいけば、囲まれてターンオーバーされる危険性が高い。逆にチェイス面にデコボコやギャップがあれば、人数でアタック側が上回っていなくても突破できるチャンスがある。こうした状況を見極められるかが、カウンターアタックを成功させる上での重要な要素となる。

【チェイス面が整っている状況】

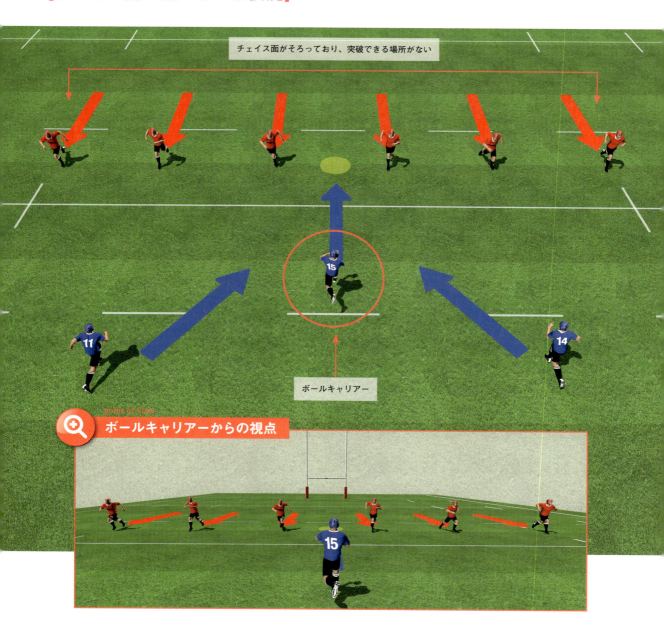

【チェイス面にデコボコがある状況】

▼相手のチェイス面が整っているところへ強引に攻めるのは無謀。しかし相手チェイス面にデコボコがあれば突破できる可能性がある

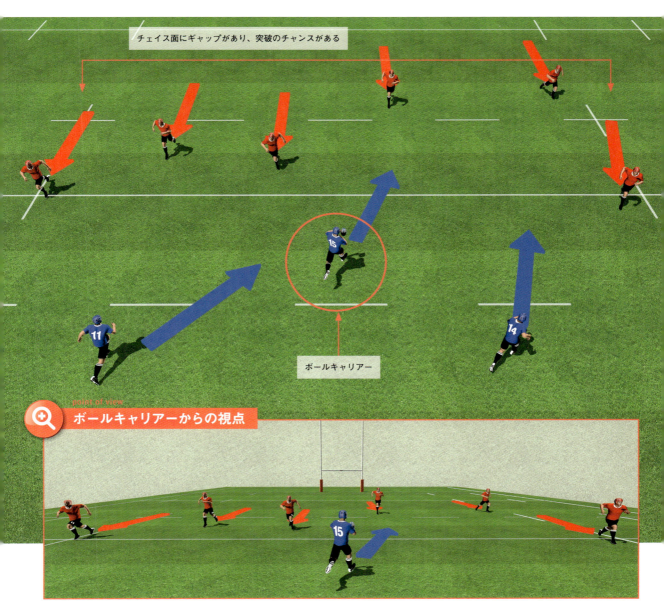

▼ どこでレシーブしたかを意識する

さらにもうひとつ、カウンターアタックを仕掛ける際は、「ボールをレシーブした位置」も考慮する必要がある。リードされていて残り時間が少ない状況なら別だが、ゲームの流れがどちらに傾くかわからない試合序盤に、自陣深くから強引なカウンターアタックで突破を狙ってターンオーバーされたりすれば、たちまち流れが相手側へ行ってしまう。「自陣10メートルラインより敵陣側でレシーブした時はカウンターアタックを仕掛ける」というように、チームとして大枠のルールを決めておくといいだろう。

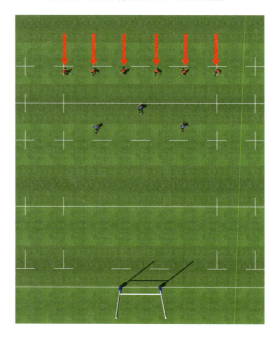

▲自陣22メートルライン付近でカウンターアタックにいってつかまれば大きなピンチに。しかしハーフウェーライン付近からなら、つかまっても敵陣で次の攻撃を仕掛けられる

こうした決め事を持っておくと、前にいる味方FWも「この状況はカウンターに行く」と認識を共有した上でサポートに行くことができるため、すばやく対応できる。逆に味方FWが「まさかここでカウンターアタックはしないだろう」と思う状況で、レシーバーの独断で強引にカウンターアタックを仕掛けてつかまれば、サポートが遅れピンチを招いてしまう。敵味方の状況、スコア、残り時間を考慮し、チームとして意思統一して仕掛けられるよう準備しておきたい。

ひと昔前は、走力のあるFBやWTBにとにかくボールを持たせて、「行け！」という感じでカウンターアタックを任せるチームが非常に多かった。しかし現在ではよほど力の差がある相手でない限り、そうしたカウンターアタックからビッグゲインが生まれることはない。それだけに、どこでどのようにカウンターアタックを仕掛けるかを、チームとしてしっかりと練習時間を割いて入念に準備をしておく必要がある。いざ試合で追い込まれた時に打つ手がなくなることがないよう、状況に応じて選択できる複数のバリエーションを持っておきたい。

第 2 章

実践編①
陣地を進めるキック戦術
〜陣地挽回のためのキックの使い方〜

11 自陣22メートル内からのキック

> チェイス陣形を作り、角度をつけて蹴り出す

1　角度をつけて蹴り出す　※第1章01「キック戦術を身につける意義」参照

　自陣22メートル内からのキックは直接タッチに蹴り出すことができるため、いかに長い飛距離で地域を大きく挽回できるかが重要になる。ただし、タッチライン際から蹴るとボールに角度がつきにくい（タッチラインと平行に近い軌道になる）ためノータッチになりやすく、タッチに出たとしてもラインに近い位置でキャッチした相手がクイックスローインで攻撃を仕掛けやすい。飛距離を伸ばすだけでなく、できるだけ角度をつけて相手がクイックスローインをできないところまで蹴り出すことが重要だ。

　キックの角度をつけるためには、できるだけグラウンドの中央から蹴り出すのがいい。横幅70メートルを左右の20メートル（A、B）ずつと中央の30メートル（C）の3つの区域に分け、どの位置にボールがあるか認識しながらキックすることを心がけよう。

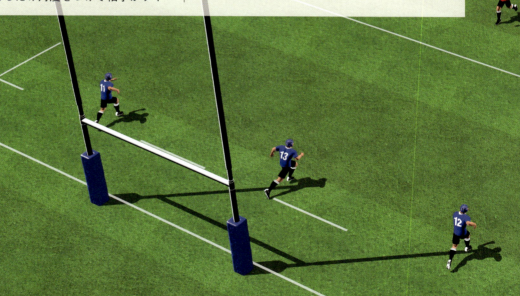

2　チェイス陣形を作ってから蹴る　※第1章02「チェイス陣形を作る重要性」参照

　スクラムやモールなどFWが一か所に固まっている状態でタッチキックを蹴ると、味方FWがチェイス陣形を形成しにくい。両サイドにスクラムやモールがある時は、いったん中央付近に動かしてラックを作り、あらかじめチェイス陣形を作ってから蹴り出すことで、相手がクイックスローインからカウンターアタックを仕掛けてきた時に守りやすくなる。

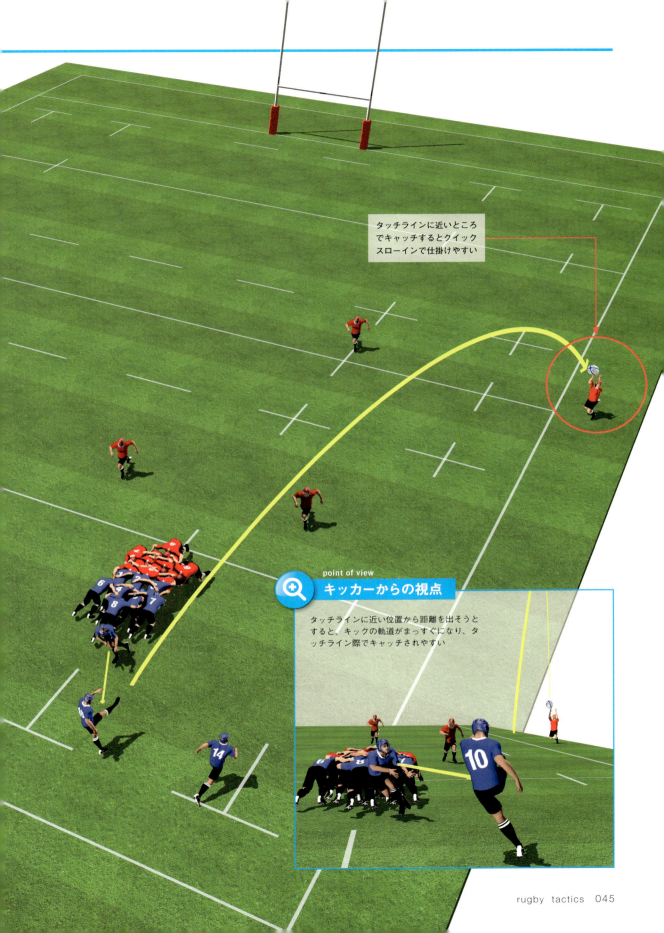

タッチラインに近いところでキャッチするとクイックスローインで仕掛けやすい

point of view
キッカーからの視点

タッチラインに近い位置から距離を出そうとすると、キックの軌道がまっすぐになり、タッチライン際でキャッチされやすい

12 自陣22メートル〜ハーフウェーライン間のキック

● 相手にボールを渡した後の守り方が重要

1 「相手にボールを渡す」が前提

　自陣22メートルより外で蹴るキックは、直接タッチに蹴り出すことができない（ダイレクトタッチで蹴った地点での相手ボールのラインアウトになるため）。そのためこのエリアで蹴るキックは、必然的に「相手にボールを渡す」ことを前提としたノータッチキックとなる。蹴り込む先にスペースがあれば、ボールの再確保を狙ったり、ゴロキックでタッチを切ることもできるが、キックに対する陣形をきちんと作れるチームが相手の場合は、相手がボールをキャッチすることを前提で戦術を考えなければならない。

　ここで重要になるのは、蹴り込んだボールに対し、しっかりとしたチェイスの「面」を作ることだ。相手レシーバーに対してプレッシャーをかけるチェイスの面がなかったり、デコボコになっていると、相手は蹴り返さずボールを持ってカウンターアタックを仕掛けてくる。そこで突破されれば、大ピンチを招いてしまう。横一列のチェイス面を作って押し上げれば、相手は蹴り返すしかなくなり、ふたたびボールを獲得できる。

【チェイス面がそろっている場合】

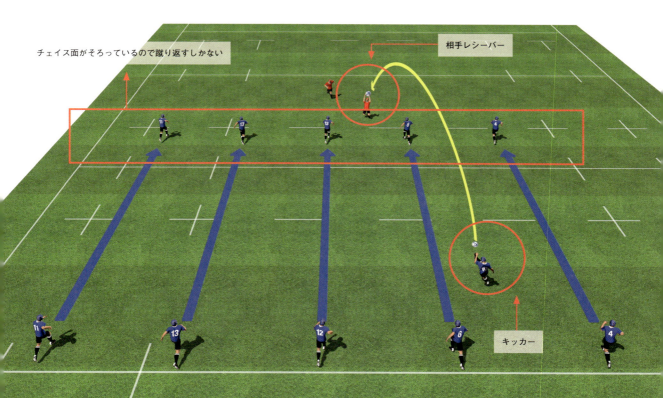

【チェイス面がそろっていない場合】

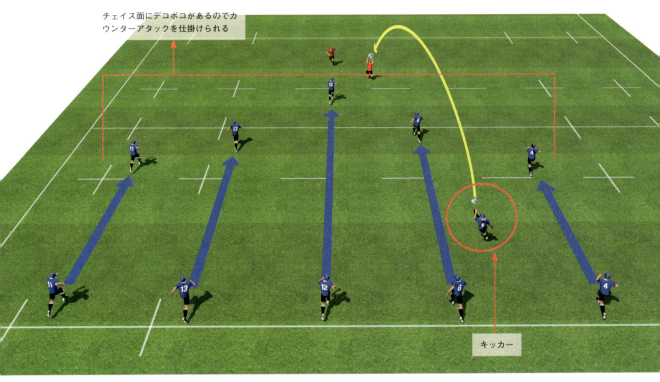

チェイス面にデコボコがあるのでカウンターアタックを仕掛けられる

キッカー

point of view
相手レシーバーからの視点
（チェイス面がそろっている）

point of view
相手レシーバーからの視点
（チェイス面がそろっていない）

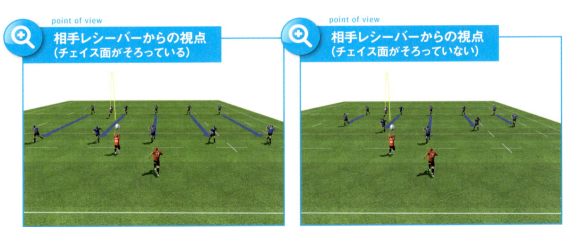

2　横幅70メートルを隙間なく守る

ロングキッカーがいれば、そのぶん相手陣深くまで蹴り込むことができるので、それだけ陣地を進めることができる。理想は相手レシーバーが背走しながらキャッチするようなキックだ。それに加えて、蹴り込んだボールに対しグラウンドの横幅70メートルを隙間なく守れるようにすることが、自陣22メートルライン～ハーフウェーラインの間のエリアでキックを蹴る際の必要条件となる。

13 スクラムからのキック

▶ 相手FWが一か所に集まっている絶好のキック機

【相手が後方に3人下げた状況】

相手が3人下がった状態。FBをライン参加させるだけで5対4になる。左ブラインドサイドをNO8と左WTBで攻めてもおもしろい

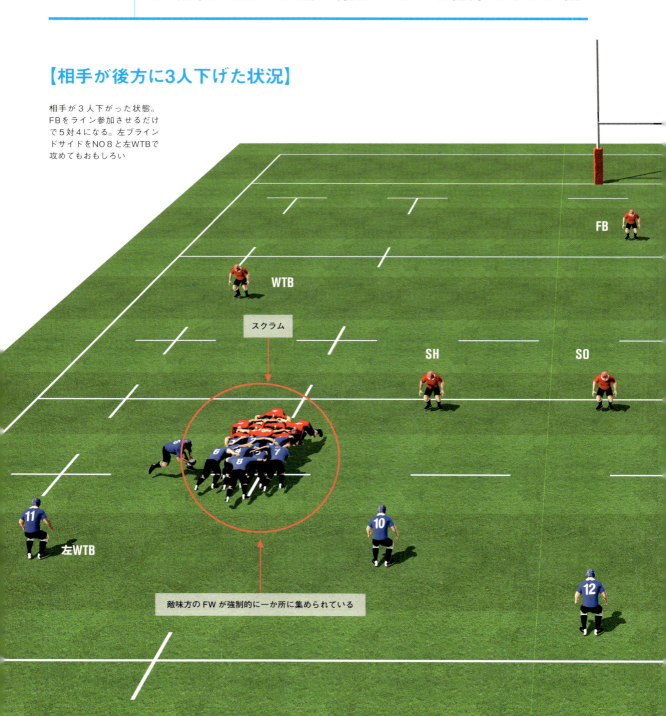

敵味方のFWが強制的に一か所に集められている

1　どこにスペースがあるかを見極める

　スクラムからの攻撃を考える上でのポイントは、「FW8人が一か所に集まっている」ということだ。防御側はBK7人で残りのスペースを守らなければならないため、必然的に大きなスペースがある。攻撃側にとっては非常に攻めやすい状況だ。
　中盤でのスクラムの場合、防御側はWTB、FBのうち2人ないし3人を後方に下げてキックに備える。もし3人を下げているなら、前のディフェンスラインはSHを入れても4人しかいないから、キックよりもパスをつないで攻めたほうが効果的だ。攻撃側はFBをライン参加させるだけで5対4のオーバーラップを作り出せるし、スクラム周辺に相手SHがいなければFWのサイドアタックも仕掛けやすい。

point of view
SOからの視点
BK7人で広いエリアを守るため、穴や攻めるスペースが多くある

2　蹴りやすいシチュエーションを作り出す

前記のような状況を避けるため、多くのチームは中盤の相手ボールスクラムの場合、オープンサイドWTBを上げてSO、CTB1、CTB2、WTBの4人でディフェンスラインを形成し、FBとブラインドサイドWTBの2枚で後方を守る形をとる。

【後方に2人が下がった状況】

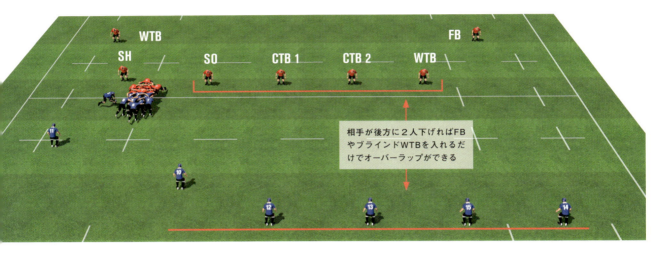

相手が後方に2人下げればFBやブラインドWTBを入れるだけでオーバーラップができる

ハーフウェーライン付近の左15メートルライン上のマイボールスクラムで、相手がブラインドサイドWTBとFBの2人を下げている場面を想定してみよう（上図）。攻撃側はブラインドサイドWTBをラインに入れれば、6対4を作り出すことができる。そこで相手がSHをディフェンスラインに入れてブラインドサイドWTBを前に上げれば、前のディフェンスラインの人数をそろえることはできるが、後方はFBひとりで守らなければならなくなる（下図）。オープン側、ブラインド側いずれもキックで前進する絶好のシチュエーションと言えるだろう。

【ブラインドWTBも上げ、FB1人で後方を守る状況】

前のディフェンスラインの人数は増えたが、後方はFBひとりで守らなければならない

もしそこで相手がブラインドサイドWTBを下げたままなら、ブラインドサイドのスペースをNO8やブラインドサイドWTBで突いてポイントを作り、相手ブラインドWTBが前に上がらざるを得ない状況を作ることで、同様にFBがひとりでキックケアをするという絶対的有利な状況に持ち込むことができる。

【相手ブラインドサイドWTBが下がったままの状況】

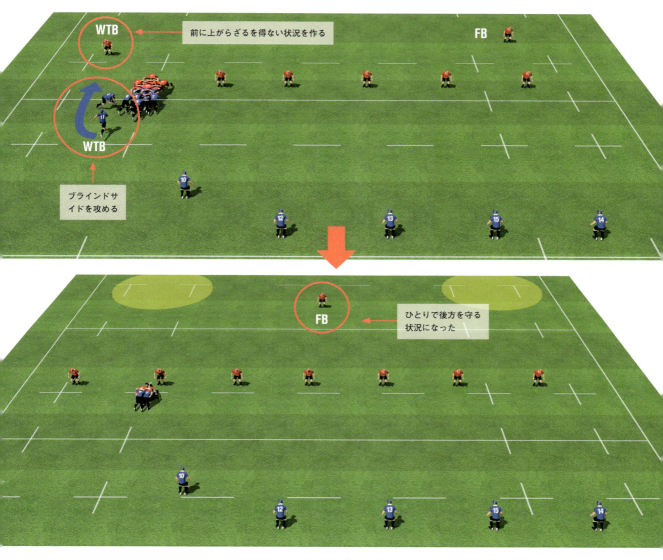

このようにスクラムからのキックにはさまざまな仕掛け方があり、攻撃側にとってはもっとも陣地を進めやすいシチュエーションと言える。その優位性を最大限活用するためには、最初からキックと決めつけるのではなく、相手ディフェンスに的を絞らせないよう複数のオプションを持っておくべきだ。①スペースを攻めるラインアタック、②上がっているWTBの後方へのキック、③一度ポイントを作って相手を動かしてからキック、という3つを組み合わせながら試合を進めていけば、相手は「ラインアタックでくるのか、キックでくるのか」と迷い、混乱する。試合中にこうした布石を打っておくと、勝負どころの残り20分で優位に立つことができる。

3　フェーズを重ねずに蹴る

　ひとつ気をつけたいのは、スクラムから3次攻撃以上フェーズを重ねると、せっかく一か所に集まっていた相手FWが分散し、自分たちのポジションもバラバラになってしまうという点だ。そうなればスクラムのメリットが消え、相手ディフェンスラインに多くの人数が並んで後方にもキックケアを複数下げる陣形となり、キックを蹴りにくい状況になる。スクラムからキックで陣地獲得を狙う場合は、スペースを埋められないよう2次攻撃以内で蹴るようにしたい。

【スクラム時】　▼FWが一か所に集まっており、大きなスペースがある。自分たちのポジションも整っているので狙い通りの攻撃を仕掛けやすい

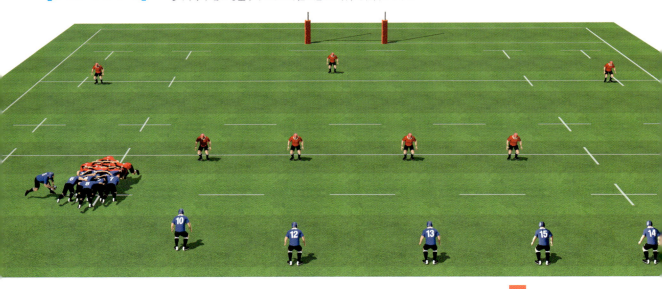

【3次攻撃以降】　▼相手FWが横に広がって守るため、攻めるスペースがない。自分たちのポジションもバラバラで、展開力が落ちる

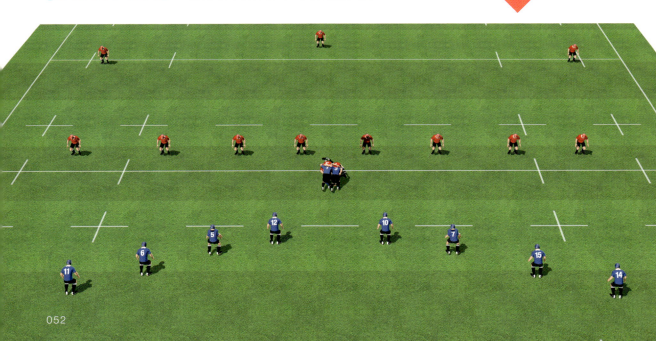

なお、スペースにキックを蹴る場合は、相手がノーバウンドでキャッチできる滞空時間の長いキックよりも、タッチラインに向かって転がって行くライナー性のキックを蹴るほうが地域獲得につながりやすい。中央付近のスクラムなら、SHが右に数歩持ち出してライナー性のキックを右奥に転がすキックが非常に有効だ（P36~37参照）。ただしSHが開きすぎるとキックを蹴る前に相手のFBが反応してスペースを埋めに走るので、あまり持ち出しすぎないほうがいい。さらに左利きのキッカーがいれば、SHが右サイドに開いて攻めると見せかけ、相手FBをその方向へ動かして、NO8から左キッカーにパスアウトして左奥のがら空きのスペースを狙って蹴ることもできる。

【相手FBを動かして蹴る】

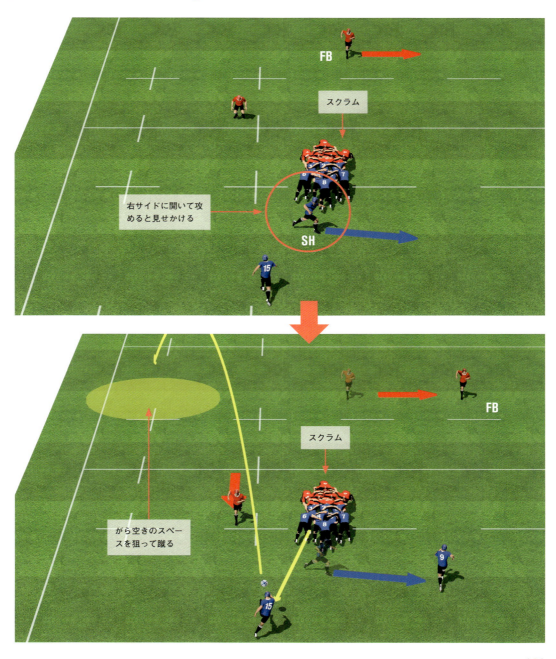

14 ラインアウトからのキック

▶ キックを蹴るのが難しい状況。チェイス面を作って前で仕留める

▼相手BKが最初から下がっている状況。キックには不向きなシチュエーションだ

相手が最初から下がっていくため、キックは蹴りづらい

1 相手がグラウンドに散らばっている状態でのキックは不利

ラインアウトでは、ラインアウトに参加しない選手は攻撃側、防御側ともラインオブタッチから10メートル下がらなければならない。相手が最初から下がっており、SOから蹴ろうとすればボールを10メートル下げなければならないため、陣地を進めるキックを使うには難しいシチュエーションだ。「相手がグラウンドに散らばっている状態でキックを蹴るのは不利」ということを頭に入れておこう。地域にもよるが、BKラインの間に20メートルの空間があることを考えれば、ラインアウトはライン攻撃で前進を図るのが基本的な攻め方になる。

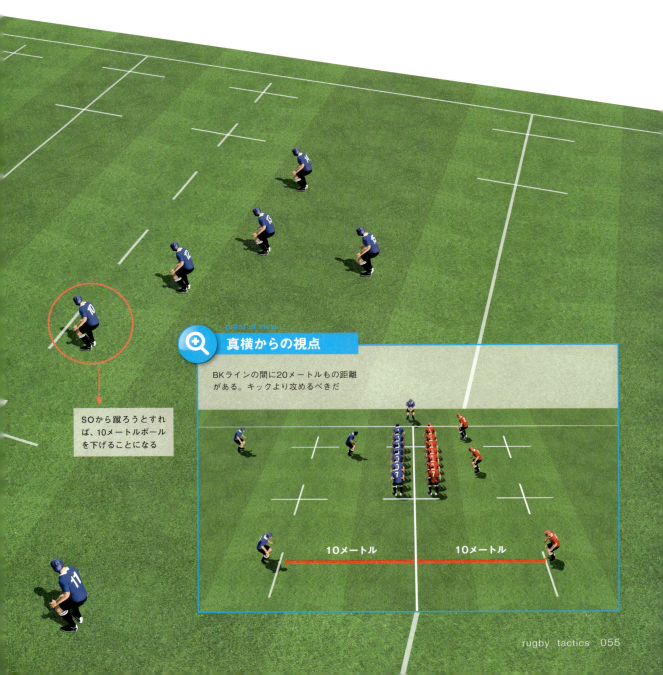

SOから蹴ろうとすれば、10メートルボールを下げることになる

真横からの視点

BKラインの間に20メートルもの距離がある。キックより攻めるべきだ

10メートル　10メートル

2　BKラインに振ってオープンに蹴る場合は距離と精度が絶対条件

　ハーフウェーライン〜自陣10メートルライン付近のラインアウトでは、オープンに振って相手ディフェンスラインを呼び込み、ワンパスでインサイドCTBやその裏のFBからオープンサイドの奥にキックを蹴る方法もある。ただしこの場合はもしキックの当たりが悪く飛距離が出なかったり、コントロールミスをして相手WTBやFBに直接キャッチされたりすると、たちまちピンチを招いてしまう。「相手に直接キャッチされず、確実に転がってタッチに出る」というキックを蹴ることが、絶対的な必要条件となる。

　ラインアウトからファーストレシーバーのSOがオープンサイドにロングキックを蹴るとして、キックに備えて下がっている相手オープンサイドWTBの頭を越えるような長いキックを蹴ることのできる選手は、ひと握りしかいないだろう。インサイドCTBの位置から蹴るにしても、パスをつなぐ間に相手FBはタッチライン寄りに移動するため、よほど精度の高いキックを蹴らなければ直接キャッチされてしまう。またパスをすればボールを下げることになるため、必然的に蹴る位置も下がってしまう。これらのことからも、ラインアウトからキックで地域を進めるのがいかに難しいかがわかる。

【インサイドCTBの位置から蹴る場合】

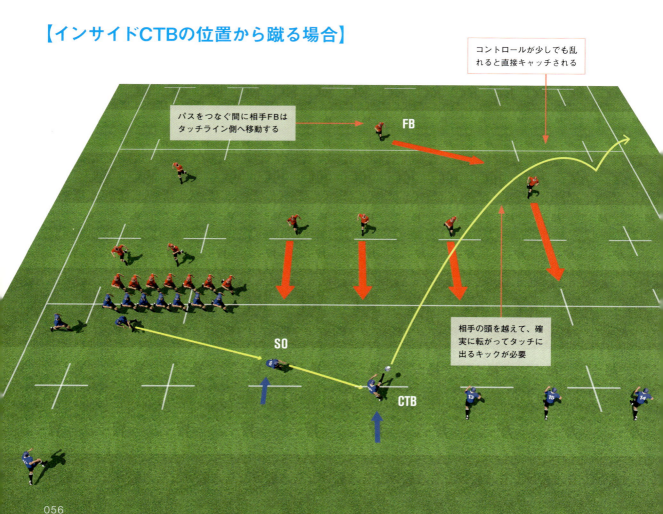

3 一度ポイントを作り、チェイス面を作ってから蹴り込む

　それでもキックで地域を進めようとするなら、一度ラインアタックを仕掛けてポイントを作り、しっかりとチェイス面を作ってからタッチライン際にロングキックを蹴り込んで、チェイス面を押し上げてプレッシャーをかけるという方法が考えられる。これならチェイス面さえしっかり作っておけば、相手が攻めてきたら前で止めてターンオーバーを狙えるし、蹴り返してきたらふたたびボールを獲得することができる。

【ポイントを作ってから蹴る場合】

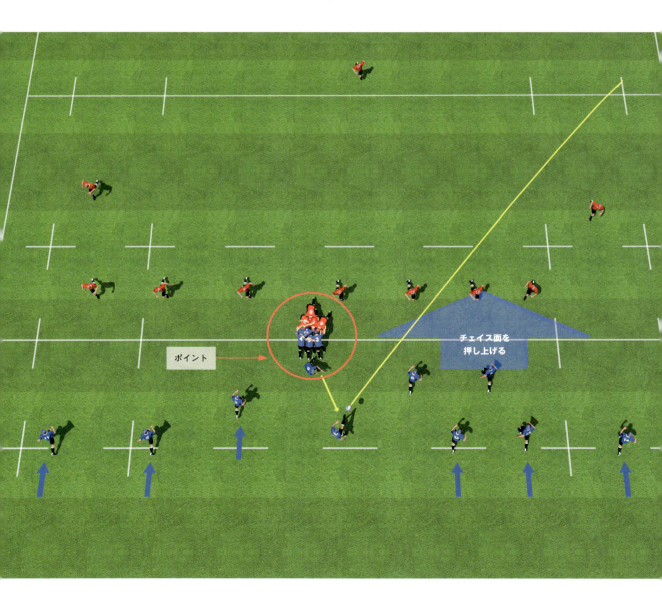

Column 1

蹴り合いの組み立てを考える重要性

　チームAとチームBが蹴り合いをしている状況を想定してみよう。チームAのキッカーはよく伸びるキックを持っているものの蹴り合いの組み立てができず、チームBのキッカーはさほどキックは伸びないけれど「こう蹴ったら、次にこうなる」という組み立てを考えて蹴り合いをできるという場合、蹴り合いが続けば続くほど、チームAは次第に打つ手がなくなっていく。

　たとえば蹴り合いの最中に、「前が空いているから」といってキャッチした選手が不用意に前に出てしまうと、相手の22メートルラインまでの距離が近くなって逆にロングキックを蹴りづらい状況になり、ハイパントかランを選択するしかなくなる──というケースに陥りやすい。一方、蹴り合いの組み立てを考えられる選手（チーム）は、空いているからといってむやみに前に出ず、自分がロングキックを蹴りやすい位置にとどまり、相手のFWを呼び込んでおいてから後ろのスペースにキックを蹴ることができる。この両者の蹴り合いを分析すると、一見すると前者のほうが前に出ているように映るが、最終的にプレーの起点と終着点の位置を比べると、実は後者のほうが前に進んでいた──ということが多い。

　キックを蹴る上で、22メートルラインは非常に重要な意味を持つラインだ。自陣22メートルライン内でキャッチすれば直接タッチに蹴り出すことができるが、22メートルラインの外で直接蹴り出すとダイレクトタッチになるため、キックの選択肢は確実に狭まる。それを理解した上で、敵味方の22メートルラインを常に意識して蹴り合いをできるのがいいキッカーであり、キック戦術に優れたチームだと言える。

　きっちりと前のチェイス面を作った上で、「22メートルラインの中にいる」というアドバンテージを生かして相手の最後方の選手を前に上がらせられれば、テリトリーでは押されているように見えて、相手の選択肢をどんどん奪うことができる。しかも相手は前に出てくるため蹴り合いをするたびに後方の選手が減っていくのに、自分たちの後ろの選手は引いたままでまったく減らない──という有利な状況に持ち込める。

　このようにキックの蹴り合いでは、「1本のキックでどれだけ前に出たか」ではなく、「どちらがコントロールして有利な状況に持ち込んでいるか」という観点で組み立てられるようになることが、とても重要だ。

第 3 章

実践編②
相手防御を揺さぶるキック戦術
〜キックでスペースを攻略する。キックで相手を動かす〜

15 ツメのディフェンスに対するキック

▶ 前後の揺さぶりで相手ディフェンスを攻略する

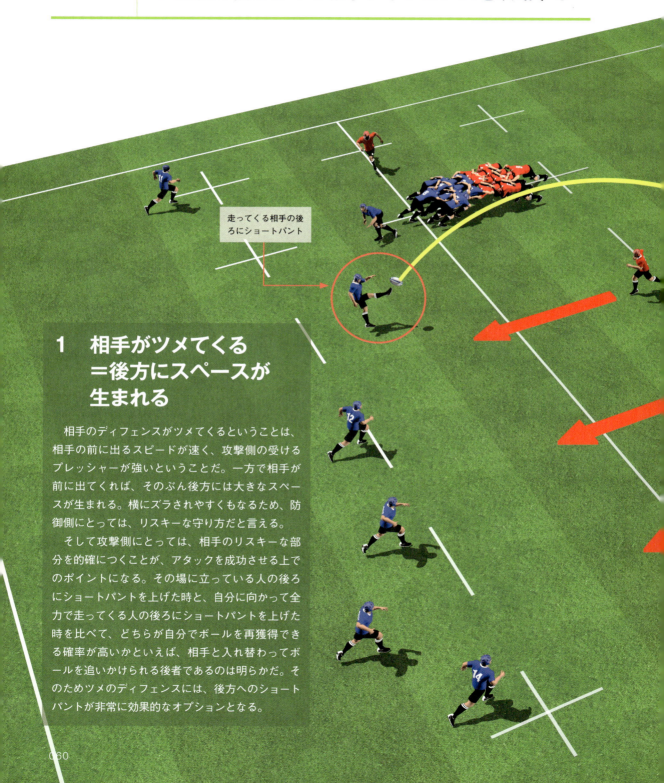

走ってくる相手の後ろにショートパント

1 相手がツメてくる＝後方にスペースが生まれる

　相手のディフェンスがツメてくるということは、相手の前に出るスピードが速く、攻撃側の受けるプレッシャーが強いということだ。一方で相手が前に出てくれば、そのぶん後方には大きなスペースが生まれる。横にズラされやすくもなるため、防御側にとっては、リスキーな守り方だと言える。

　そして攻撃側にとっては、相手のリスキーな部分を的確につくことが、アタックを成功させる上でのポイントになる。その場に立っている人の後ろにショートパントを上げた時と、自分に向かって全力で走ってくる人の後ろにショートパントを上げた時を比べて、どちらが自分でボールを再獲得できる確率が高いかといえば、相手と入れ替わってボールを追いかけられる後者であるのは明らかだ。そのためツメのディフェンスには、後方へのショートパントが非常に効果的なオプションとなる。

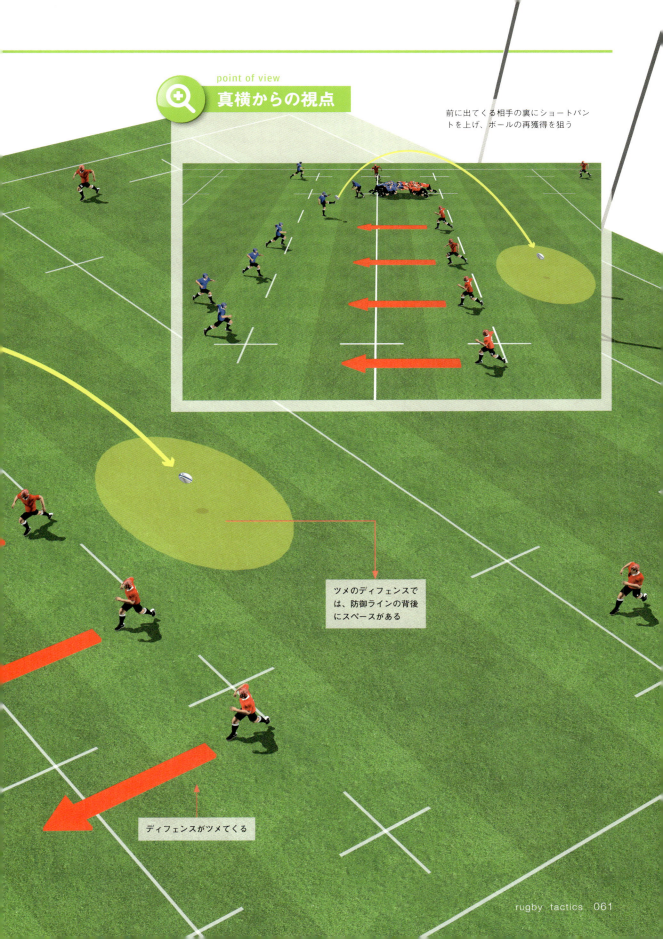

2　相手SHのポジショニングに注意

　この「ディフェンス裏のスペース」をカバーするため、多くのチームはツメのディフェンスを仕掛ける際にSHやNO８がそのエリアをケアする。スクラムや密集の後方にSHをフリーで立たせているチームに対しては、裏へのショートキックはカバーされる可能性が高いと言える。逆にスクラムの状況でSHが完全にディフェンスラインに入っているチームは、ショートキックが蹴りやすい。

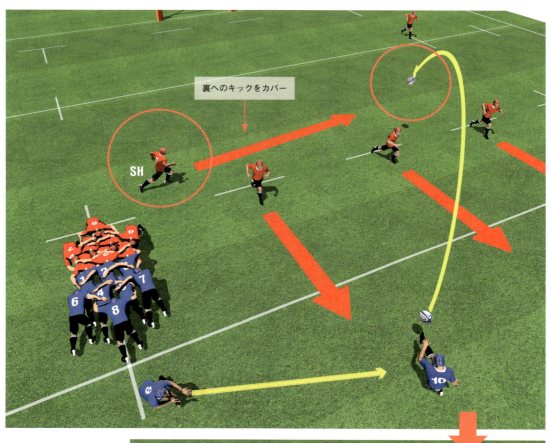

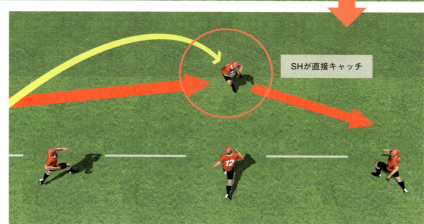

▶裏をカバーするSHにボールを直接キャッチされると、一転してピンチに

3 相手FBが動けば、今度はそこがチャンスに

ディフェンスラインの裏へのキックが一度決まると、相手は次からFBの位置を上げ、そのエリアをケアしようとしてくる。そうなると今度は逆に本来FBが守るべき位置にスペースが生まれ、ロングキックで陣地を進めやすくなる。こうした「前後の揺さぶり」を駆使することによって、より効果的にキックで前進を図れるようになる。

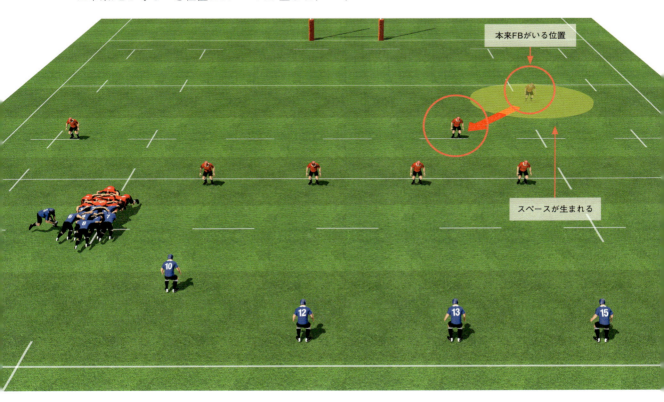

4 成功の鍵は「精度」と「精神状態」

このようにツメのディフェンスに対してはキックが有効に働くケースが多いが、もちろん注意点もある。ひとつは「精度」。相手が急速に間合いをツメてくる状況で蹴るため、必然的にチャージされる確率が高くなるし、プレッシャーを受けてキックの精度が落ちれば、相手にカバーされやすくなる。相手との距離感を認識した上で、近い間合いでも正確にキックを蹴ることのできるスキルを身につけておくことが重要になる。

もうひとつは「精神状態」だ。キックを蹴る自分とプレッシャーをかけにくる相手の精神状態を比較して、自分が4対6で押し込まれている状況で蹴ったキックは、重圧によって視野が狭くなっているため、チャージされたり、カバーしにきた選手に気づかずダイレクトでキャッチされることが多い。一方、6対4で精神状態が上回っている状況なら、相手は前に出ることに必死で裏をケアする余裕がなく、自分はどこにスペースがあるかを余裕を持って判断できるため、有効なキックを蹴りやすくなる。

「相手が前に出てくるから裏に転がせばいい」という考え方で安易にキックを蹴ってしまうと、逆にピンチを招く危険性があるということは、しっかりと頭に入れておくべきだ。

16 ドリフトディフェンスに対するキック

▶ キックを蹴るのは難しいディフェンス法

1　ドリフトディフェンス＝攻撃側有利な状況

　パスをするのに合わせてトイメンの外にずれる「ドリフトディフェンス」をなぜ行うかといえば、外側にオーバーラップ状況を作られており、内側からずれることで人数を補うためだ。つまり基本的には「防御側がドリフトする状況」＝「攻撃側が有利な状況」と言える。

　ドリフトディフェンス時は、ディフェンダーの枚数が足りない外のスペースを埋めようとして、FBが斜めに上がってくるケースが多い。そして本来FBがいるべき位置を埋めるために、ブラインドサイドのWTBが移動してくる。そのため、ブラインドサイドに大きなスペースが生まれやすくなる。

　ただし、攻撃側にとっては攻撃方向（パスを回す方向）と逆側にキックすることになるため、大きなスペースがあるといっても、そこに蹴り込むのは難度が高い。ドリフトディフェンスに対し逆サイドへキックを蹴るシーンが滅多に見られないのは、そのためだ。仮に左展開でインサイドCTBの位置に左キッカーを置き、SOから1パスを受けて相手WTBが動いた後にキックを蹴り込むようなことができれば、有効なオプションとなるだろう。

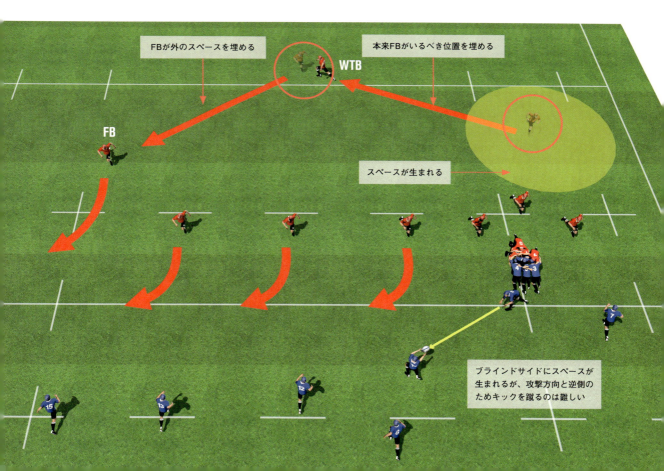

また、攻撃側が大幅にオーバーラップしており、防御側が戻りながらスライドして守るような状況は、防御側の後方にはほとんど人が立っておらず、広大なスペースがある場合が多い。本来ならオーバーラップしているのだからパスをつないで抜くべきだが、地域を進めることを最優先に考えれば、奥にロングキックを蹴るのもひとつの手だ。点差や残り時間、その時のお互いの精神状態もふまえた上で、パスで抜きにいくのか、キックを蹴り込むのかを判断できるようにしたい。

2　出てこない相手にショートパントは厳禁

もっともよくないのは、前に出ず横にずれるディフェンスに対して、ショートパントを上げることだ。相手は前に出ないぶん、後方へのキック（特に短いキック）に対応しやすい。またFBも上がってくるため、そこで直接キャッチされれば入れ替わられて一気にピンチを招いてしまう。蹴るとするなら奥のスペースに速く転がるキックだ。

ラインアウト時と同様に、ドリフトディフェンスに対するキックは、ツメのディフェンスに対するキックに比べて蹴りにくいと言える。相手がドリフトしてくる状況＝外にオーバーラップがある状況であり、出足のプレッシャーも少なく攻撃側が前に勢いをつけやすい状況だ。パスをつないで攻めることを優先に考えるべきだろう。

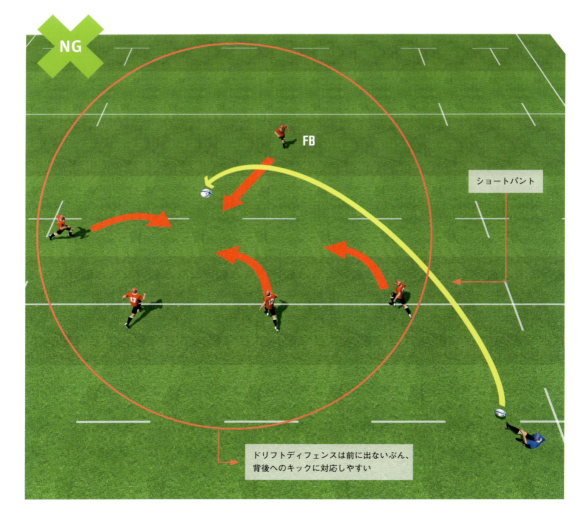

ドリフトディフェンスは前に出ないぶん、背後へのキックに対応しやすい

17 相手を集めてスペースを狙うキック

▶ 広がっている相手を集め、蹴りやすい状況を作る

【タッチラインから20メートル付近でモールを押し込んだ状況】

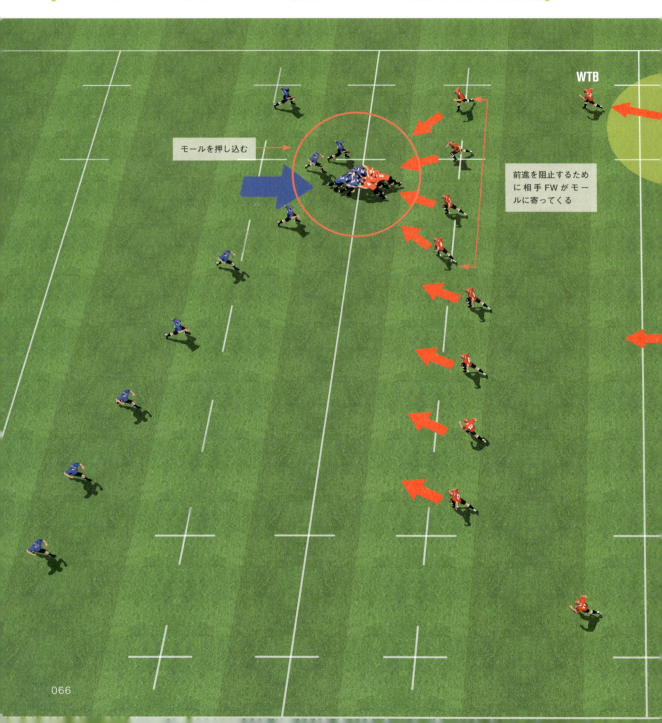

▶ モールを押すことで
スペースを作り出す

　相手ディフェンダーがグラウンドに広がっている状態は、攻撃側にとってキックを蹴るスペースがない状況だ。そこで広がっている相手を一か所に集める必要が出てくるが、その有効な手段のひとつがモールである。

　モールを押し込むと、相手FWは前進を阻止するため、そこに集まらざるを得なくなる。さらにモールを作る位置をタッチラインから15〜20メートル付近にすると、相手のブラインドWTBがブラインドサイドのスペースを抑えようとして前に上がってきやすい。それによってキックを蹴りやすい状況を作り出すことができる。

　中盤におけるアタックでフェーズを重ねてもなかなか前進できず、コーナーに蹴り出して前進しつつプレーを切りたいとなった時、いったんモールを作るとキックを蹴りやすい状況が生まれる。接戦で手詰まりにならないよう、こうしたオプションを、チームとして準備しておきたい。

タッチラインから20メートル付近でモールを押し込むと、ブラインドWTBが上がってくるためキックを蹴るスペースが生まれる

point of view
攻撃側からの視点

モールを押すことでキックを蹴りやすい状況を作り出せる

【モールを押した後の状況】

▼モールを押し込まれると、周囲の選手は自然とモールのほうへ目線が行き、いざとなったら前進を阻むためにモールに参加できるよう、そこに集まってくる。そのため、モールから離れた位置にスペースが生まれやすい

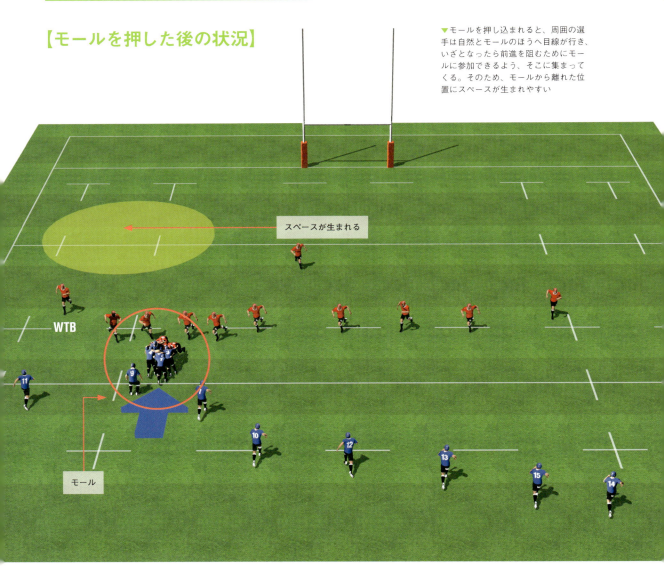

point of view
上図の攻撃側からの視点

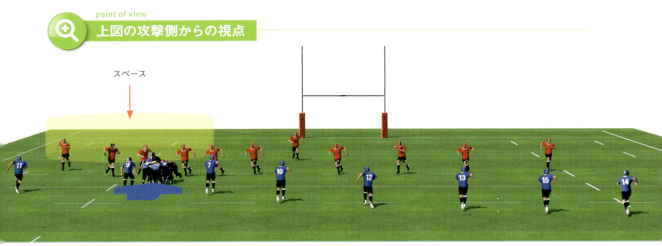

point of view
左上図の相手側からの視点

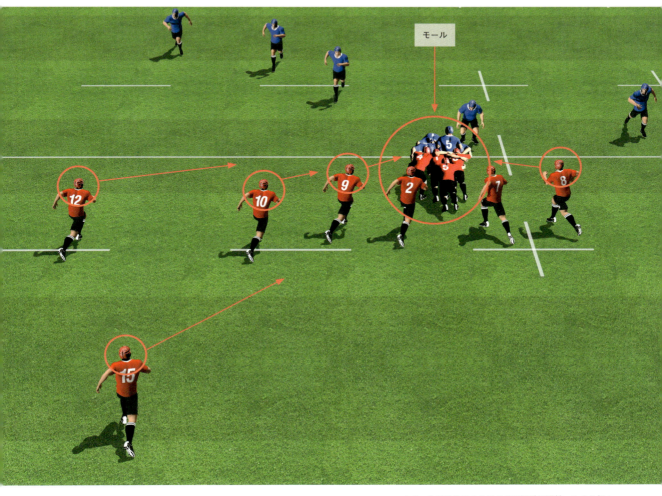

▲ボールがあるほうを見るのは選手の習性。しかも押し込まれていれば、どうしても意識がそちらへ集中する

　このように一連の流れの中でモールを作って押し込めるようになることは、キックを蹴りやすい状況を作る上でとても有効だ。現在は早い展開でラックを連続するアタックが主流だが、同じテンポで同じように攻めるとどうしても単調になりやすく、相手ディフェンスは崩れない。

　相手のレベルが高くなると簡単にはモールを組ませてもらえないし、パイルアップになれば相手ボールになるというリスクもあるが、こう着した状況でモールを作る選択肢を持っていることは、攻撃の幅を広げるという点でチームにとって大きな武器になる。

18 ゲインした後のキック

> 「どこにスペースがあるか」を見極めて選択肢を判断する

1 ゲイン後はオープンサイドの外側にスペースが生まれやすい

　ゲインをした後の攻撃を遂行する上でポイントになるのは、「どこにスペースがあるか」ということだ。ゲインラインを大きく越えた時は、前進を止めるために相手ディフェンダーがボールに寄ってくるため、逆サイドの外側にスペースが生まれやすい。そのため防御側にすれば、人が集まってくるポイント周辺のエリアは比較的守りやすく、ポイントから遠いエリアほどディフェンダーの数が少ない守りにくいエリアとなる。

　この状況では、オープンサイドの空いたスペースにキックパスを蹴り込んでオープンWTBを走らせるというのが、ひとつの有効な攻撃方法だ。特にアドバンテージが出ていれば、キックパスが失敗してもペナルティをもらえるため、一発でトライを狙いに行くチームが多い。理にかなった選択と言えるだろう。

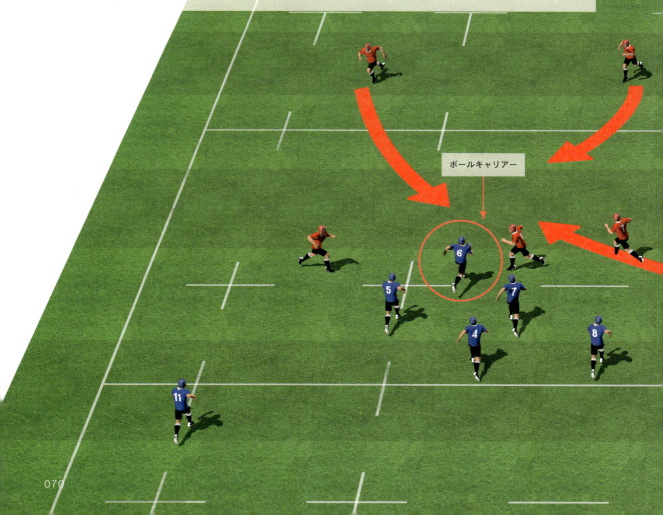

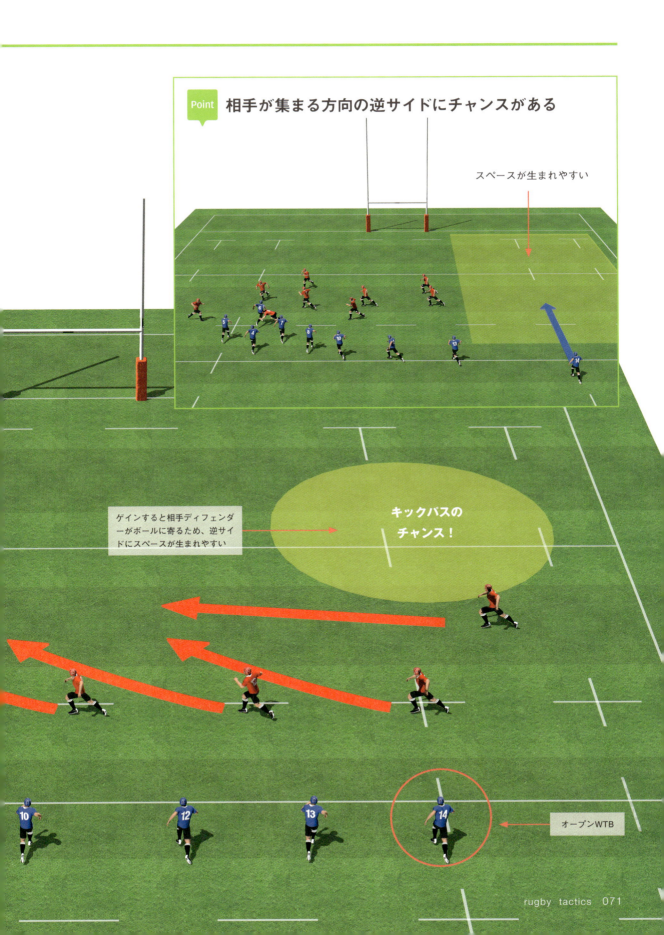

2 ポイント裏へのキック→チェイスも効果的

またゲインラインを突破すると、下がっていた相手FBやWTBが前に上がってくるので、後方にスペースが生まれやすい。そのため、ゲイン後にできたポイントがタッチライン寄りの位置の場合は、ポイント真後ろのブラインドサイドへすかさずSHがショートパントを上げ、チェイサーが追いかける──というキックが効果的だ。特にニュージーランド勢はこれを多用するチームが多く、トライが生まれるシーンも頻繁に見られる。

仮にゲインした後も防御側のFBやWTBが下がったままなら、必然的に前のディフェンスラインに並んでいる人数が少ないということなので、キックを蹴るよりパスをつないで攻めたほうが有効だ。いずれの場合も、ゲイン後のポイントからボールアウトするまでに、「どこにスペースがあるか」ということを、チーム全体でコミュニケーションをとって共有することが重要になる。

【ゲイン直後、ポイントの真裏のエリアを狙うケース】

▶ゲインラインを大きく突破すると、相手FBやWTBが上がってくる。必然的に後方にスペースが生まれる

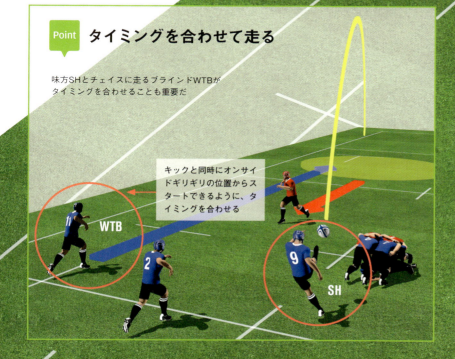

チェイスをかけるブラインドWTB

Point タイミングを合わせて走る

味方SHとチェイスに走るブラインドWTBがタイミングを合わせることも重要だ

キックと同時にオンサイドギリギリの位置からスタートできるように、タイミングを合わせる

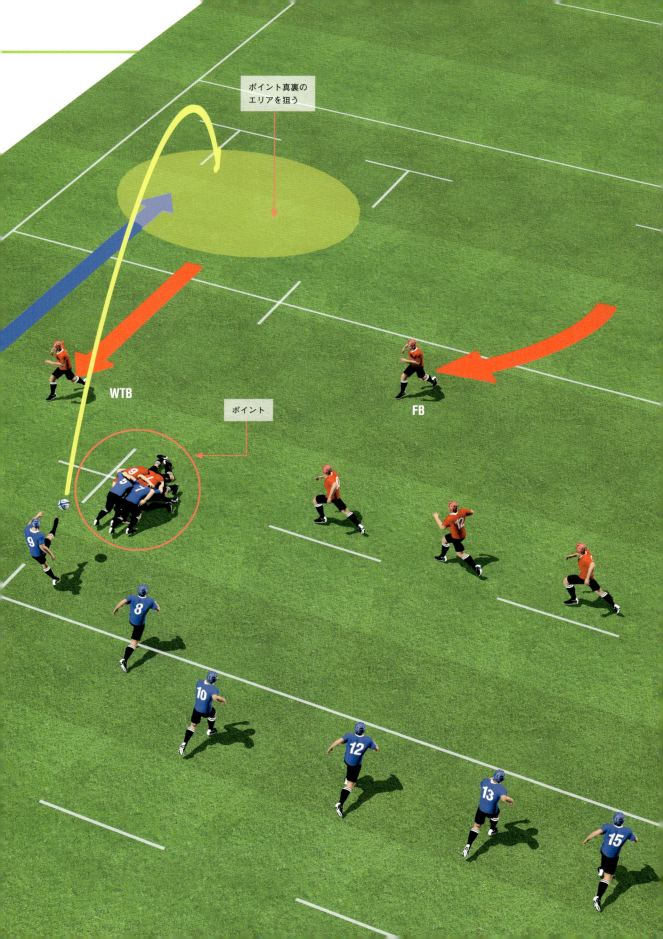

19 背走させられた状況でのキック

> 4つの要素をふまえて、ベストなプレーを判断する

1 キャッチした位置、相手チェイサーを見る

【自陣22メートルライン内でキャッチし、
相手チェイサーが遠い場合】

相手チェイサーとの距離が遠ければ、余裕を持ってキックを蹴り返せる

相手チェイサー

自チームの最後尾の選手の頭を越えるようなロングキックを蹴り込まれた状況に対処する上でまず考えなければならないのは、「①ボールをキャッチした位置が自陣22メートルラインの内か外か」ということだ。22メートルラインの内側なら直接タッチに蹴り出せるが、外側なら直接タッチに蹴り出すとダイレクトタッチになってしまうため、選択できるプレーも変わってくる。

　次に判断材料となるのは、「②相手チェイサーの距離と数」だ。チェイサーの位置が近ければ受けるプレッシャーも強いため、長いキックを蹴り返すのは難しくなる。逆にチェイサーとの距離が遠ければ余裕を持ってキックを蹴ることができるし、近い場合でもチェイサーがひとりしか追ってきていないなら、かわしてから蹴るといったことができる。

　一方、チェイサーの距離が近く、さらに数も多いとなれば、たとえダイレクトタッチになるとしてもタッチの外に蹴り出してとにかくプレーを切るといった判断も必要になる。

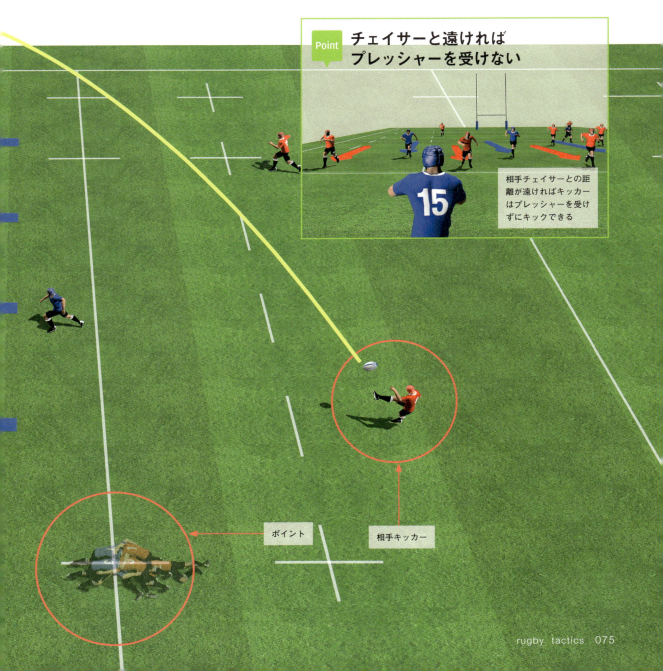

Point チェイサーと遠ければプレッシャーを受けない

相手チェイサーとの距離が遠ければキッカーはプレッシャーを受けずにキックできる

ポイント　相手キッカー

【チェイサーが近い場合】

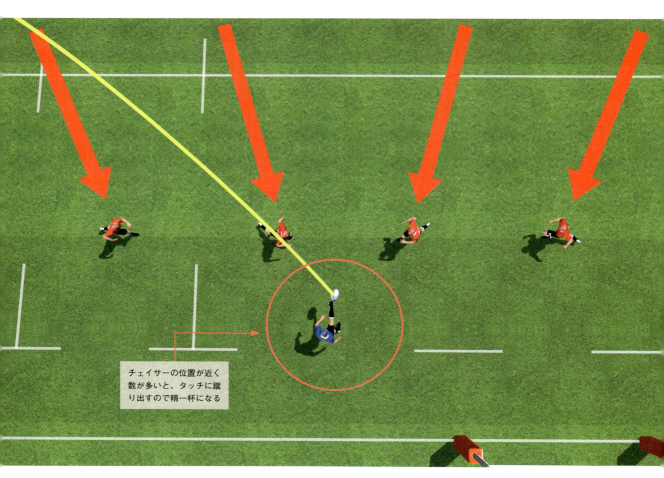

チェイサーの位置が近く数が多いと、タッチに蹴り出すので精一杯になる

point of view
攻撃側FBからの視点

▲キック、ランを仕掛ける隙がなく、つかまれば
ターンオーバーされる危険性も高い

▲チェイサーがひとりなら、かわしてからの
キックも仕掛けやすい

2　味方FWの位置によっても判断は変わる

　背走させられた状況でのキックでもうひとつ大事な要素となるのが、「③味方FWとの距離」だ。ボールをキャッチした選手よりはるか前方に味方FWがいる場合は、むやみにハイパントを蹴り返したりするとボールの落下地点が戻ってくる味方FWより自陣側になって、大ピンチになる――といった事態を招きかねない。この場合は、確実に味方FWより敵陣側に到達する大きなキックを蹴り返すか、相手チェイサーのプレッシャーが強い場合はダイレクトタッチになるとしても大きくタッチの外に蹴り出して、いったんプレーを切ったほうが賢明だろう。

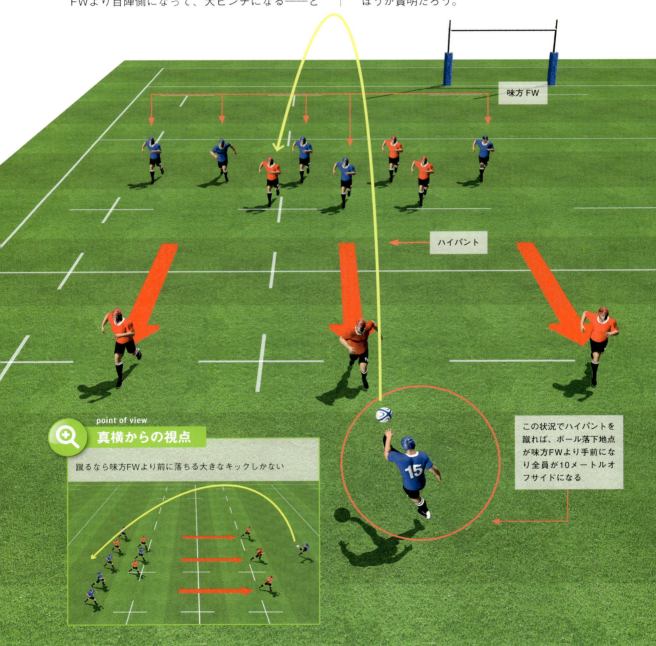

味方FW

ハイパント

この状況でハイパントを蹴れば、ボール落下地点が味方FWより手前になり全員が10メートルオフサイドになる

point of view
真横からの視点

蹴るなら味方FWより前に落ちる大きなキックしかない

3　味方チェイサーの有無を確認

　逆に味方FWの位置が近い場合は、ハイパントなどノータッチで陣地を戻すキックや、カウンターアタックを選択しやすくなる。仮に相手チェイサーにつかまったとしても、少しふんばれば味方FWがサポートに寄ってきてボールキープできるので、ダイレクトタッチに逃げるよりはカウンターアタックを仕掛けたほうがいいだろう。

　ただしこの状況でも、蹴り返す時はキッカーの他にキックボールを追いかける「④チェイサーがいること」が前提条件となる。もしチェイサーがいない中で蹴った瞬間にキッカーが転びでもすれば、残りの14人全員がオフサイドという危機的状況になってしまう。うまくキックを蹴ったとしても、キッカーが自分でチェイスに出てオフサイドラインを上げなければならないため、後ろに備える人数が減ってしまう。ここは常に意識したい。

味方チェイサー

味方FWが近い場合は、ハイパントを蹴り返しても味方FWの前に落とせる。ただし、この時も味方チェイサーがいることが条件だ

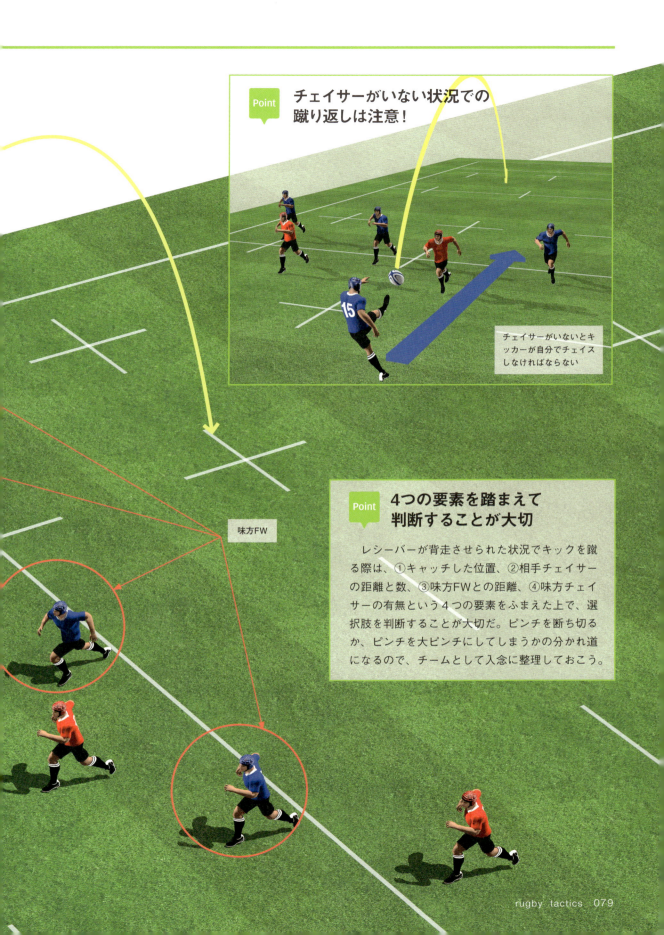

> **Point** チェイサーがいない状況での蹴り返しは注意！

チェイサーがいないとキッカーが自分でチェイスしなければならない

味方FW

> **Point** 4つの要素を踏まえて判断することが大切

　レシーバーが背走させられた状況でキックを蹴る際は、①キャッチした位置、②相手チェイサーの距離と数、③味方FWとの距離、④味方チェイサーの有無という4つの要素をふまえた上で、選択肢を判断することが大切だ。ピンチを断ち切るか、ピンチを大ピンチにしてしまうかの分かれ道になるので、チームとして入念に整理しておこう。

20 膠着状況を打開するキック

▶ 前進しつつプレーを切り、味方を助ける「試合巧者のキック」

1 手詰まりになった状態で無理に攻め続けるのは×

試合をしていると、アタックを継続しても相手防御が崩れず、手詰まりになってしまうことがしばしばある。そんな膠着状態に陥った時、相手防御の堅いところを無理に攻め続ければ、最終的にサポートが薄くなったところでボールを奪われ、カウンターアタックで一気にピンチを招きかねない。

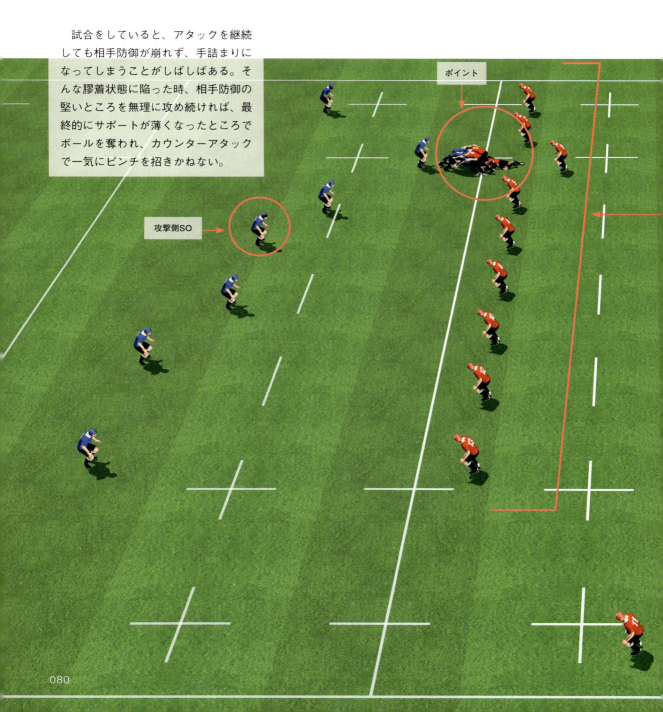

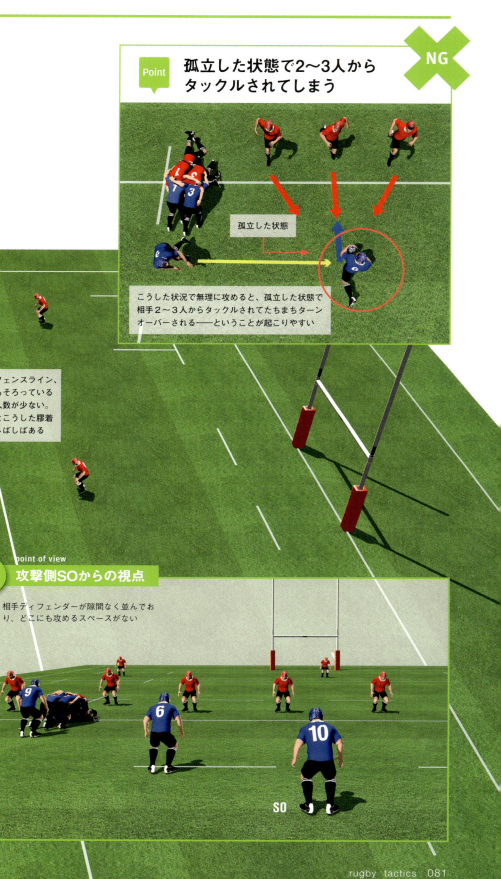

| Point | 孤立した状態で2〜3人から
タックルされてしまう | NG |

こうした状況で無理に攻めると、孤立した状態で相手2〜3人からタックルされてたちまちターンオーバーされる——ということが起こりやすい

孤立した状態

相手防御は前のディフェンスライン、後方のキックケアともそろっている反面、味方は攻める人数が少ない。攻撃を継続しているとこうした膠着状態になるケースがしばしばある

point of view
攻撃側SOからの視点

相手ディフェンダーが隙間なく並んでおり、どこにも攻めるスペースがない

rugby tactics　081

2　前に出つつ仕切り直すことで、精神的にも乗っていける

　こうした状況では、相手にボールを渡すことになるとしても、たとえ15メートル程度しか前に出られなくても、「前進した上でいったんプレーを切る」という選択をしたほうがいい場合が少なくない。相手FBとWTBの間を抜いてタッチラインに転がっていくような速いライナー性のキックを蹴り、少しでも陣地を進めてプレーを切ることができれば、味方はひと息入れて落ち着いた状態で仕切り直しできる。精神的にもなかなか前に出られず苦しんでいたところから、「前に出られた」と感じて乗っていける。

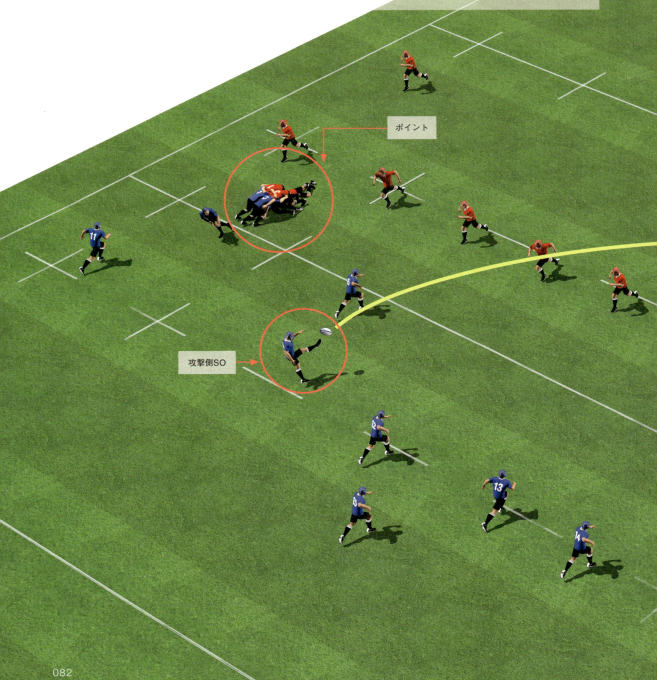

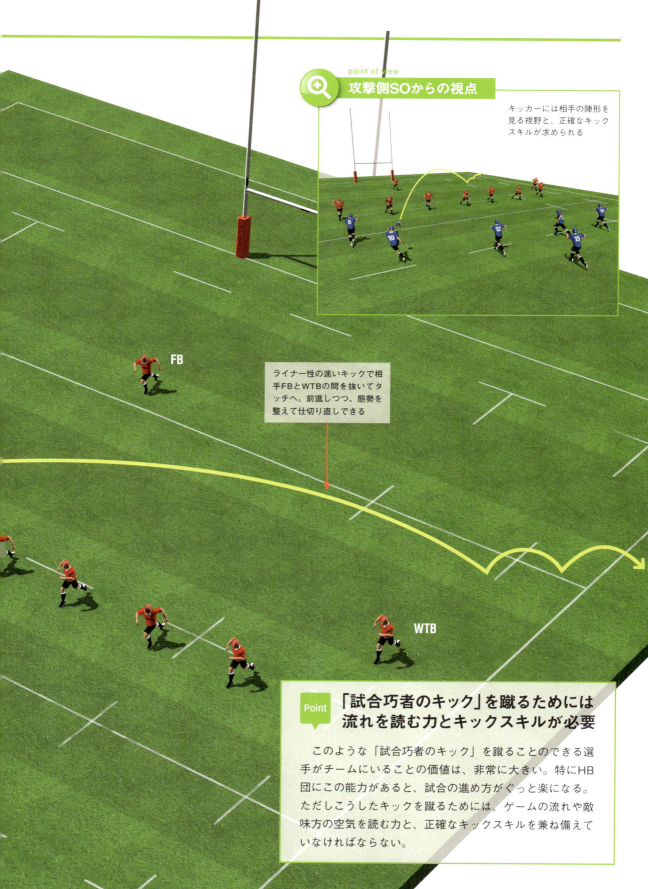

point of view
攻撃側SOからの視点

キッカーには相手の陣形を見る視野と、正確なキックスキルが求められる

ライナー性の速いキックで相手FBとWTBの間を抜いてタッチへ。前進しつつ、態勢を整えて仕切り直しできる

FB

WTB

Point
「試合巧者のキック」を蹴るためには流れを読む力とキックスキルが必要

このような「試合巧者のキック」を蹴ることのできる選手がチームにいることの価値は、非常に大きい。特にHB団にこの能力があると、試合の進め方がぐっと楽になる。ただしこうしたキックを蹴るためには、ゲームの流れや敵味方の空気を読む力と、正確なキックスキルを兼ね備えていなければならない。

21 キックパス

● 成功すればビッグチャンス。効果的に使う条件とは

1 キックパスは遠くのスペースを一気に攻略できる

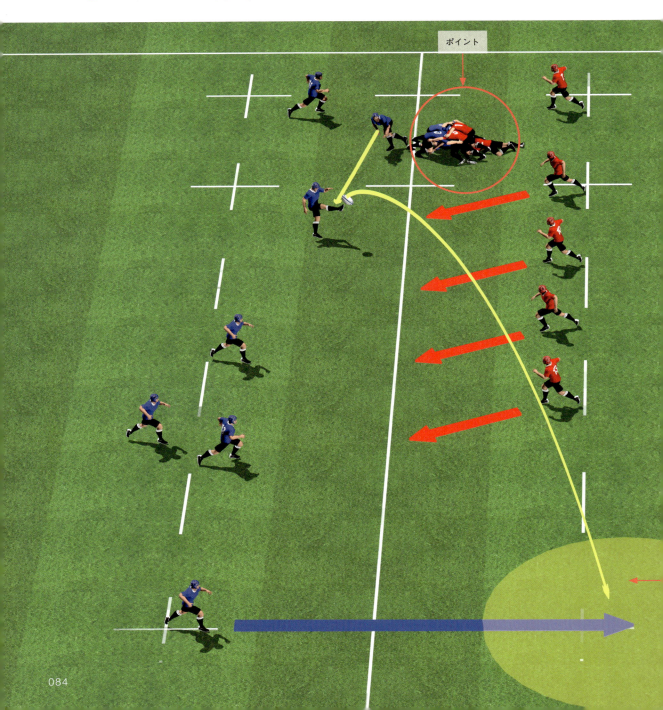

遠くにあるスペースを一気に攻略する方法として、キックパスは非常に有効な手段のひとつだ。手で放るパスと異なり前へボールを進められるし、瞬時に長い距離を動かすことができる。ただし、蹴ったボールを直接相手にキャッチされれば、逆に大ピンチを招いてしまう。キックした瞬間に、相手2、3人がボールに対応できるような状況でのキックパスは避けるべきだ。

また外にスペースがある状況でも、相手がスライドディフェンスをしてくる場合は、蹴ったボールに対応されやすいためキックパスはあまり効果的ではない。逆に相手が前に出るディフェンスの場合は、キックパスを使いやすくなる。特に敵陣ゴール前まで攻め込むと、相手はゴールラインを背負っているため前に出ざるをえず、キックパスが有効になりやすい。

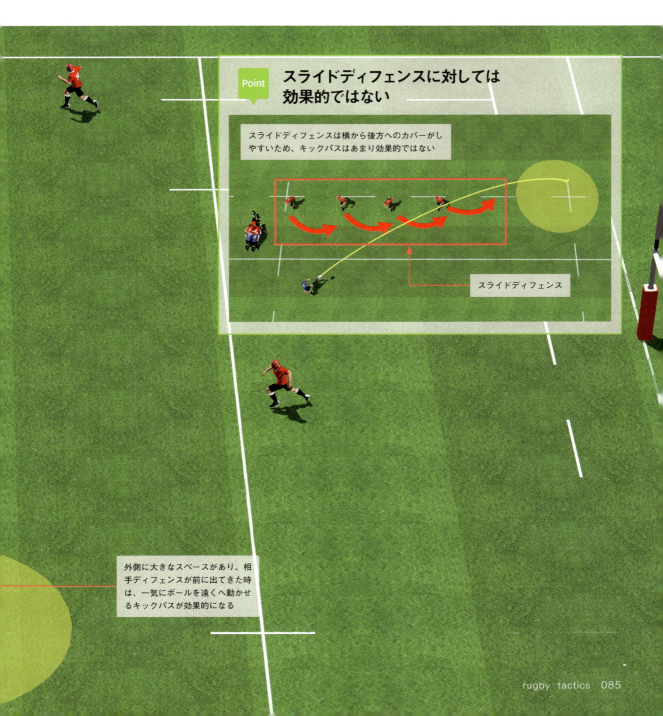

Point スライドディフェンスに対しては効果的ではない

スライドディフェンスは横から後方へのカバーがしやすいため、キックパスはあまり効果的ではない

スライドディフェンス

外側に大きなスペースがあり、相手ディフェンスが前に出てきた時は、一気にボールを遠くへ動かせるキックパスが効果的になる

2　レシーバーとの距離、相手ディフェンダーの位置を考える

　キックパスで頭に入れておかなければならないのは、「滞空時間」だ。キックの距離が長くなればなるほど滞空時間も長くなり、そのぶん相手ディフェンダーが対応できるようになる。仮にオープンサイドの大外に30メートルほどガラ空きのスペースがあれば、どれほど相手が必死に走ってきても追いつかないが、10メートル程度の距離ならボールが飛んでいる間に相手ディフェンダーが落下地点に到達してしまう。キッカーとレシーバーの距離、相手ディフェンダーの位置を踏まえた上で、キックパスを使うかどうかを判断するようにしたい。

【相手ディフェンダーが落下地点に近い場合】

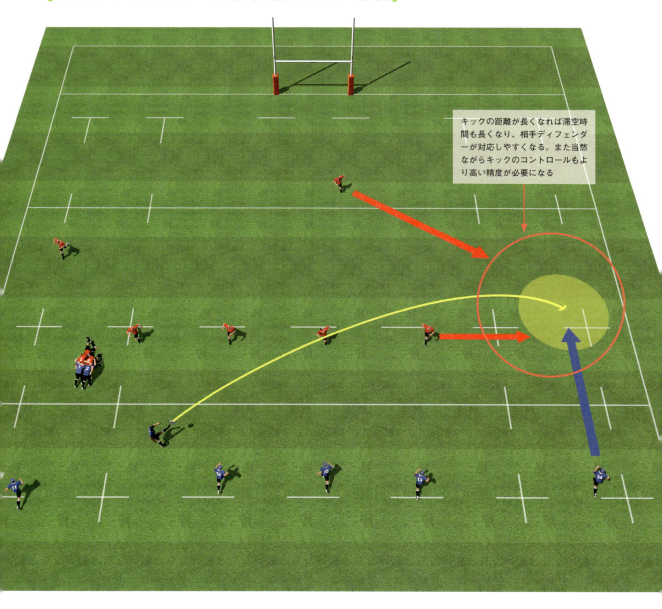

キックの距離が長くなれば滞空時間も長くなり、相手ディフェンダーが対応しやすくなる。また当然ながらキックのコントロールもより高い精度が必要になる

3　FWで前進し、外のスペースをキックパスで仕留める

　密集サイドのピックアンドゴーやドライビングモールで前進していると、相手のBKのディフェンダーは自分のトイメンではなくボールを見るようになる。なぜなら、ボールを見ていなければボールアウトの瞬間に前へ出られないからだ。さらにFWで前進を続けると、引き寄せられるようにだんだんボールのある方向へ近づいてくることが多い。

　この習性を利用すれば、FWで近場を小刻みに前進し続け、相手BKの外のディフェンダーの位置と意識を内側に寄せ、外にできたスペースへキックパスを蹴り込む——という攻め方が考えられる。特に相手ゴールラインに近づけば近づくほど、相手BKディフェンダーはボールのほうへ寄らざるをえなくなるため、このキックパスが成功しやすい。さらにキックパスを追いかける大外の選手（主にWTB）がタッチラインの外にポジショニングして相手ディフェンダーの視界から消えると、相手が対応しにくくなってより有利な状況を作り出せる。

スペース

モール

FWで前進すると相手BKのディフェンダーはポイント方向に引き寄せられ、視線も内向きになるため、逆サイドのコーナーのスペースに対応できなくなる

Point　タッチラインの外でのポジショニングには相手の視界から消える効果がある

ディフェンダーの視界から消える

タッチラインの外にポジショニングする

◀ タッチラインの外にポジショニングしたWTBは、相手ディフェンダーの視界から消えるため、対応されにくい

Column 2

キックで心理的優位に立つ

　トライ数3対1で自分たちがリードしている状況を思い浮かべてほしい。1トライ1ゴールで追いつかれない点差で精神的に優位に立っているものの、そこから相手に1本返されてトライ数3対2になると、途端に急接近されたような心理状態になる。もし自分たちのゴールがすべて外れ、逆に相手がすべて決めていたなら、点数は15－14でリードはほぼないのと同然だ。しかし、トライ数3対1から自分たちが1トライを追加すれば、4本1本で俄然有利な状況となる。この心理状態に持ち込むために、キックの使い方がポイントになるケースがある。

　たとえばトライ数2対1から1本追加して3対1になった次のキックオフで、相手のキックオフがノット10メートルやダイレクトタッチになり、マイボールのセンタースクラムを得たとしよう。センタースクラムはもっともアタックを仕掛けやすいシチュエーションのひとつであり、トライを奪った直後の勢いもあって攻めにいきたくなるところだ。しかしそこで攻めた結果、思わぬエラーが起こって相手に切り返され、一気にトライを奪われてトライ数3対2になった――ということが、試合では意外によくある。

　トライ数3対1は、心理的に6：4でリードしているように思えて、実際は5.5：4.5に近い。相手はまだまったく諦めてはいないし、しかもこのシチュエーションではトライを取られた直後とあって「絶対に取り返す」と集中力が高まっている。だから実は簡単に追加点を取らせてもらえない状況なのだ。そこで安易に攻めにいってターンオーバーをくらい、逆にトライを奪われれば、たちまち精神状態は五分五分になってしまう。
「トライ数3対1＝心理状態は5.5：4.5」ということを認識していれば、キックオフ後にセンタースクラムをもらったところで次にしなければならないのは、陣地を進めて相手にさらにプレッシャーをかけることだとわかるはずだ。センタースクラムは、もっとも両サイドのコーナーにキックを蹴り込みやすいシチュエーションでもある。キックで着実に敵陣22メートルライン内まで侵攻すれば、「トライ数3対1」に「敵陣ゴール前」という要素が加わり、心理状態は5.5：4.5から6：4に近づく。

　勢い任せに戦うのではなく、冷静にキックを使って有利な状況を作り出していくことが、試合巧者への第一歩だ。

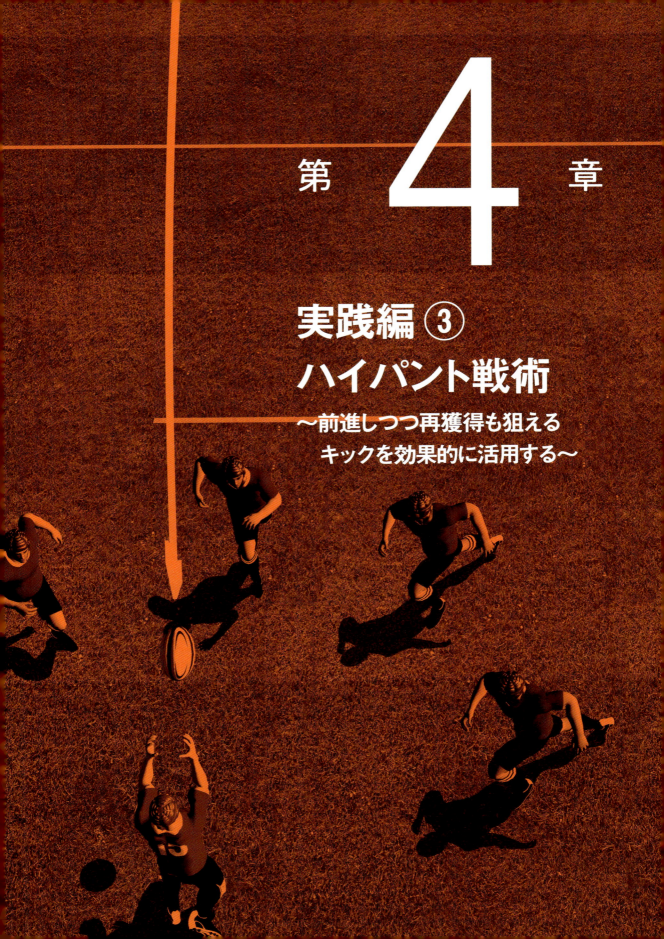

第4章

実践編 ③
ハイパント戦術
〜前進しつつ再獲得も狙える
　キックを効果的に活用する〜

22 スクラムからのハイパント

> 蹴った後を考え、上げる位置とタイミングを判断する

1 ハイパントはタッチライン際へ

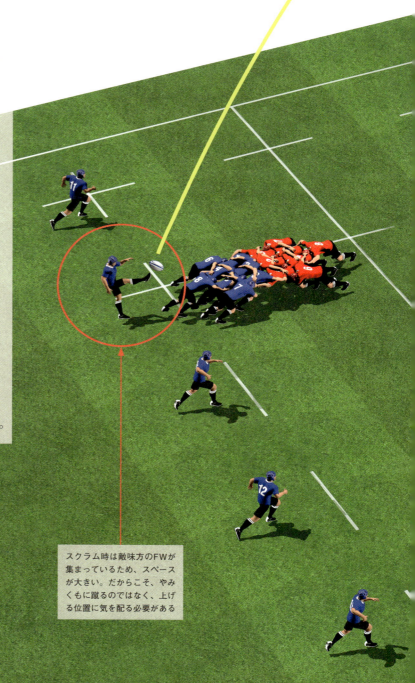

ハイパントは、いい位置に上がれば50パーセントの確率で再獲得が狙えるが、相手にキャッチされる可能性も50パーセントある。相手に攻撃権を与えた時のリスクを考えると、ここでも蹴ったボールに対してしっかりとチェイス陣形を作っておくことが重要だ。

一方、スクラムからのキックを考える上での重要なポイントは、「敵味方のFWが一か所に集まっている」ということだ。そのため、チェイス陣形を整えるためには、一塊になっているところから広がらなければならない。もしスクラムが崩れたりホイールしたりすればFWの動き出しが遅れ、チェイス陣形を作るまでにさらに時間がかかってしまう。

こうした前提をふまえると、ハイパントを蹴り上げる位置は、スクラムを組んでいる（FWがいる）サイドのタッチライン側がいいだろう。相手にキャッチされた場合でも攻められる方向がオープンサイドのワンウェイしかなく、味方FWが広がる方向と重なるため、守りやすい。

スクラム時は敵味方のFWが集まっているため、スペースが大きい。だからこそ、やみくもに蹴るのではなく、上げる位置に気を配る必要がある

| Point | **FWのいるタッチライン側は守りやすい** |

| ボール | 相手が攻める方向はオープンサイドのみ |

FWのいるサイドのタッチライン側に蹴れば、キャッチされても相手が攻める方向はひとつしかなく、味方FWの広がる方向と重なるため、守りやすい

ハイパントを落としたいエリア

グラウンド中央にハイパントを上げると、相手はボールキャッチした際に左右どちらにも攻めることができる。仮に落下地点付近でキャッチャーにタックルできたとしても、次の局面で相手はどちらの方向にもいい角度でキックを蹴り返すことができるため、ハイパントで多少前に進めたところですぐにキックで地域を戻されてしまう可能性が高い。またFWがいる位置と逆のオープンサイドへのハイパントは、そもそも距離が遠いのであまり前進できない上に、ボールに競りにいく選手も裏をカバーする選手も少ないため、相手にキャッチされると一気に大ピンチを招きかねない。

【グラウンド中央に上げた場合】

▼グラウンド中央に蹴ると、相手は両サイドにアタックを仕掛けたり、キックを蹴り返したりできる

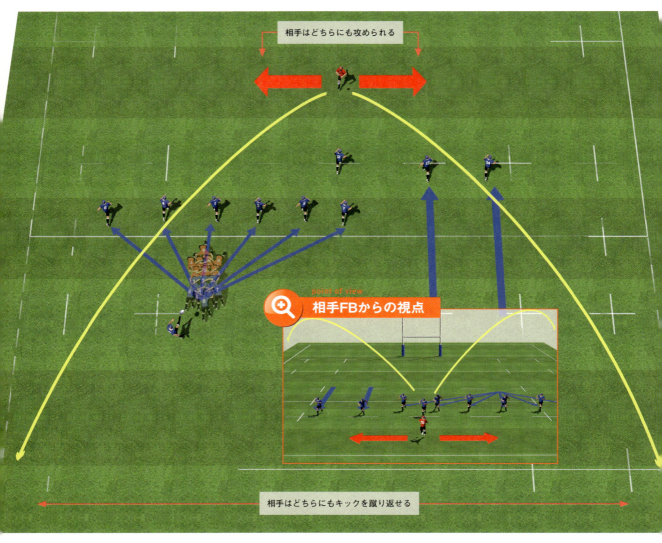

　これらのことを考えれば、相手の攻める方向を限定できて、なおかつチェイス陣形を作りやすい、FWがいるサイドのタッチライン際の味方のチェイサーが競り合えるような位置にボールを蹴り上げるのが、理想的なハイパントと言える。

2　直接蹴るか、動かして蹴るか

　スクラムからハイパントを蹴る場合にもうひとつ焦点となるのは、直接蹴るか、いったんボールを動かしてポイントを作ってから蹴るかの選択だ。一度ボールを動かしてポイントを作ると、一か所に集まっていたFWがブレイクして広がった状態になる。そこでハイパントを上げてオンサイドをかけるランナーが追い抜けば、FWはチェイス陣形を作りながら前に出てプレッシャーをかけやすくなる。

【ボールを動かして蹴る場合】

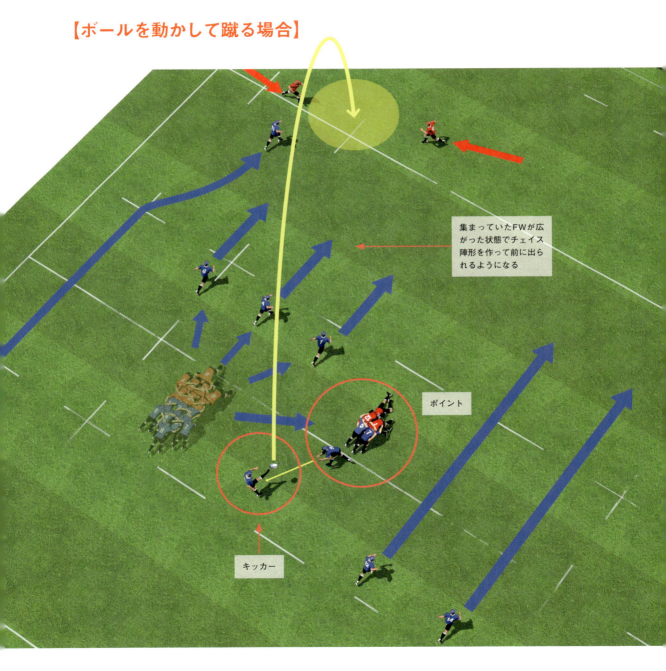

集まっていたFWが広がった状態でチェイス陣形を作って前に出られるようになる

ポイント

キッカー

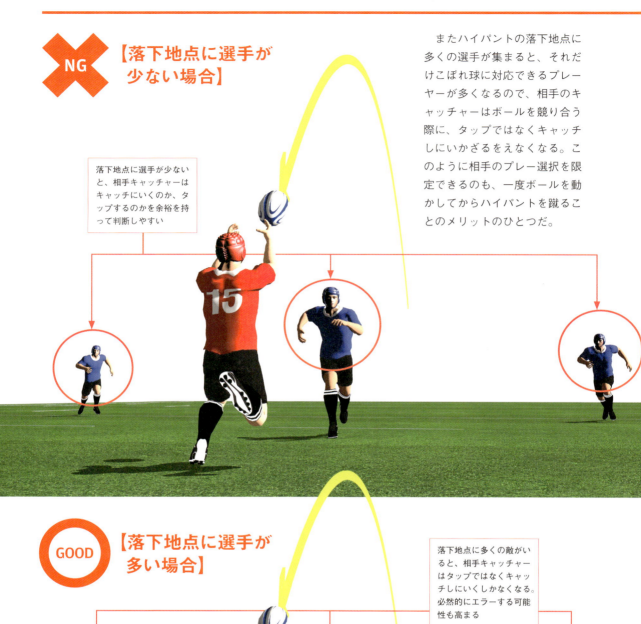

NG 【落下地点に選手が少ない場合】

落下地点に選手が少ないと、相手キャッチャーはキャッチにいくのか、タップするのかを余裕を持って判断しやすい

またハイパントの落下地点に多くの選手が集まると、それだけこぼれ球に対応できるプレーヤーが多くなるので、相手のキャッチャーはボールを競り合う際に、タップではなくキャッチしにいかざるをえなくなる。このように相手のプレー選択を限定できるのも、一度ボールを動かしてからハイパントを蹴ることのメリットのひとつだ。

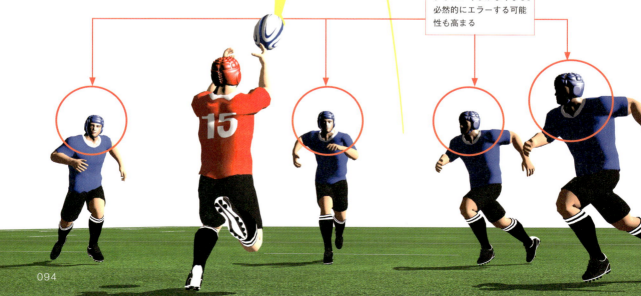

GOOD 【落下地点に選手が多い場合】

落下地点に多くの敵がいると、相手キャッチャーはタップではなくキャッチしにいくしかなくなる。必然的にエラーする可能性も高まる

▶ 一度ボールを動かすデメリット＝相手もキックに備えられる

ただし、一度ボールを動かせば当然ながら相手FWも広がって守ることができる。そこで攻撃側のFWが横並びになってBKラインも浅いとなれば、相手は次にキックを上げてくることが簡単に予想でき、ハイボールキャッチのうまい大きなFWプレーヤーを後方に下げてハイパントに備えたり、蹴られたボールに対し多くの選手が素早く戻ったりできる。攻撃側がキャッチしてボールを再獲得できた場合も、ディフェンダーが広がっている状態のため、次の攻撃を仕掛けにくい。

▼ボールを動かすと、相手はキャッチのうまいFWプレーヤーを後方に下げてキックに備えることができ、蹴られたボールに対しより多くの選手が素早く戻ることもできるようになる

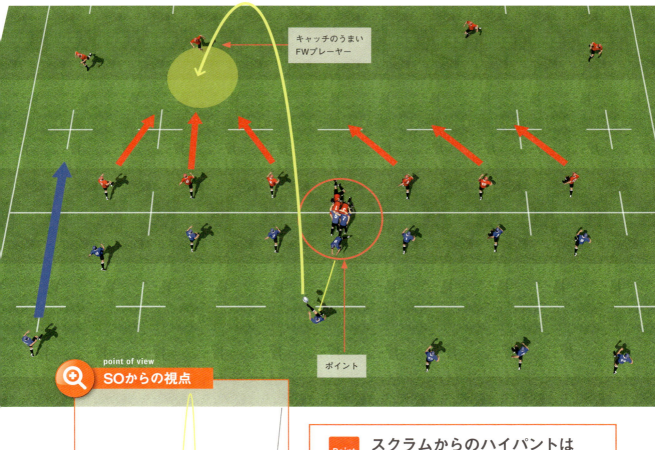

キャッチのうまいFWプレーヤー

ポイント

point of view
SOからの視点

> **Point** スクラムからのハイパントはメリットとデメリットを考慮する
>
> スクラムからハイパントを蹴る際は、こうしたメリットとデメリットを考慮した上で、直接蹴るか、一度動かしてから蹴るかを判断するようにしたい。ただしいずれの場合でも、グラウンド中央ではなくFWがいるサイドのタッチライン側に蹴ったほうが守りやすいのは共通だ。

23 ラインアウトからのハイパント

> ラインアウトのメリットを活かしたキック戦術を考える

1　20メートルの間隔をどうとらえるか

　ラインアウトでは、攻守ともラインアウトに参加しない選手はラインオブタッチから10メートル下がらなければならない。SOからハイパントを蹴ると、ラインアウトを構成するFWプレーヤーからボールを10メートル下げた上に、あらかじめ10メートル下がっていわば待ち構えている相手に対して蹴り込むことになる。これでは効果的なキックになりにくいのは明らかだ。

【SOから蹴る場合】

ラインアウトでSOからハイパントを蹴ると、相手が待ち構えているところに蹴り込むことになる

ボールアウトからBKでポイントを作るなどしてラインアウトを解消させ、相手ディフェンスラインを前に出させれば、キックで背後をとりやすくなる。しかしそれでは、「相手FWが一か所に集まり、ディフェンスラインが10メートル下がっている」というラインアウトの優位性を帳消しにしてしまう。またラインアウトに並んでいた相手FWが広がるため、ディフェンスラインに立つ人数も増え、攻めにくい状況になる。

【ラインアウトを解消させて蹴る場合】

▼ボールアウトしてラインアウトを解消させれば相手の背後はとりやすくなるが、相手ディフェンスラインとの間合いが狭まり、さらにディフェンスラインの枚数も増える。せっかくのラインアウトのメリットが帳消しになってしまう

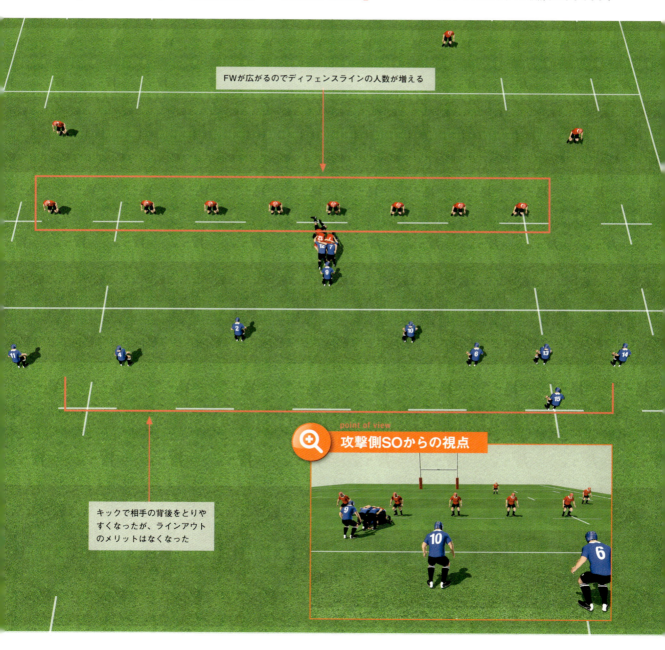

FWが広がるのでディフェンスラインの人数が増える

攻撃側SOからの視点

キックで相手の背後をとりやすくなったが、ラインアウトのメリットはなくなった

2　SHからダイレクトにハイパントを上げる有効性

こうしたことから最近の主流になっているのが、ラインアウトでボールキャッチした後、すぐにSHへパスアウトし、SHが相手FWの後方のスペースにハイパントを蹴るプレーだ。これならボールを下げずに、かつ相手ディフェンダーの薄いゾーンにキックを蹴ることができ、さらにオンサイドをかけるブラインドWTBをタイミングよく走らせれば、味方FWがそのまま放射状に広がりながら前に出るだけで、チェイスの面を作ることができる。

【SHからFWの後方に蹴る場合】

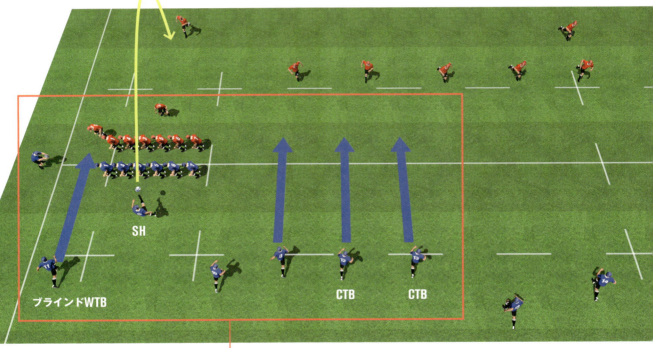

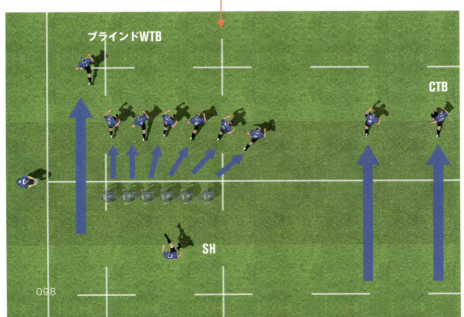

◀SHが蹴るタイミングに合わせて、競りに行くブラインドWTBやCTBがオンサイドをかければ、FWはラインアウトに並んだところからそのまま広がって前に出るだけでチェイス面を作ることができる

またこの位置にハイパントを上げると、相手はブラインドWTBやSOがボールキャッチやカバーに行かなければならない。つまり相手にボールを確保されたとしても、タックルでつぶせばポイントにBKの選手を2人巻き込んだ状況で次のディフェンスを行うことができる。相手がボールを大きく動かす選択肢を制限した上で守れるようになるわけだ。

【相手BKをポイントに巻き込む】

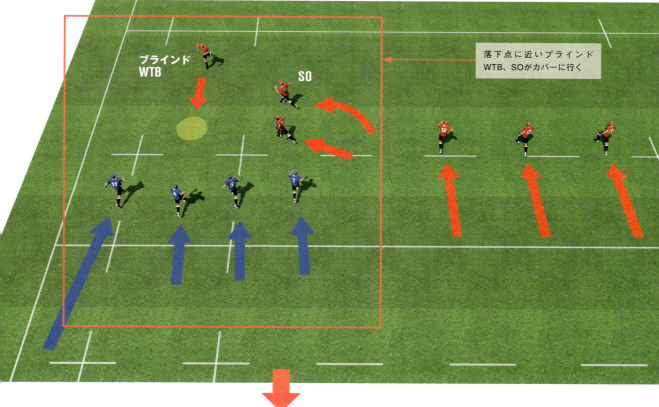

落下点に近いブラインドWTB、SOがカバーに行く

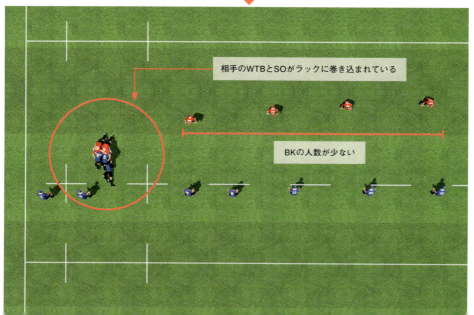

相手のWTBとSOがラックに巻き込まれている

BKの人数が少ない

◀ラックに巻き込まれた相手SOとブラインドWTBは、次の攻撃に参加できない。必然的に、ボールを大きく動かす選択肢が使いづらくなる

3 相手ディフェンスラインを前に出させて背後を狙う

　もうひとつ、ラインアウトでモールを押し込み、ラインアウトを解消させて相手ディフェンスラインが前に出てきたところで、入れ替わるようにその背後へSHやSOからハイパントを上げるのも、相手が守りにくいシチュエーションを作り出すことができる方法だ。味方FWが塊になるため、チェイス面を作りにくくなるデメリットはあるが、相手のディフェンスラインは前に出る勢いがついているので、入れ替わりの裏へのキックで背後をとりやすい。

【モールを押し込んで蹴る場合】

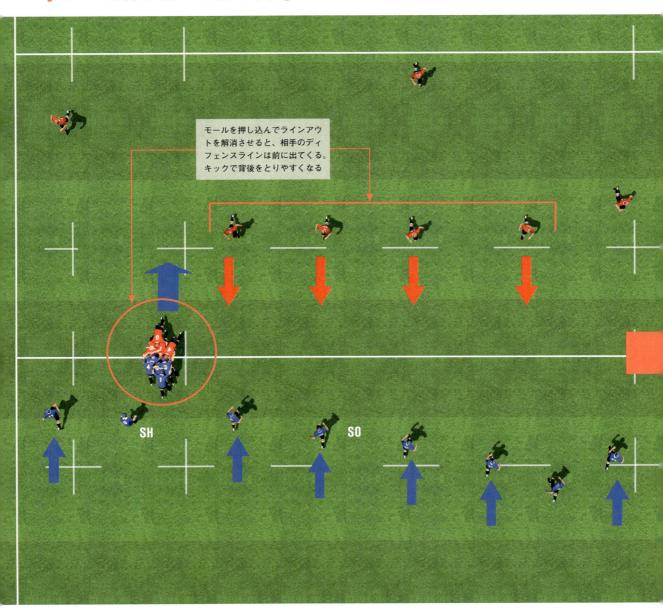

モールを押し込んでラインアウトを解消させると、相手のディフェンスラインは前に出てくる。キックで背後をとりやすくなる

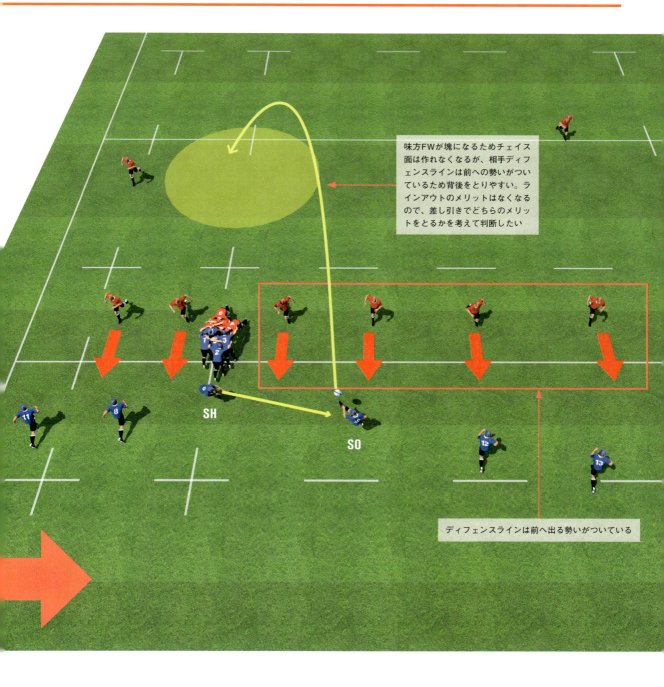

 実際に試合を見ていると、こうしたラインアウトの陣形の特徴を考えずに、チグハグなアタックを仕掛けているケースをしばしば目にする。BKラインの間にせっかく20メートルもの間隔（スペース）があるのに、わざわざモールを押してラインアウトを解消させたところでBKに展開し、前に出る勢いのついた相手のハードタックルをまともに食らってターンオーバーされたり、相手が10メートル下がって待っているところへSOからハイパントを上げ、簡単にキャッチされて大ピンチを招いたり…。

 ラインアタックで攻めるなら、ラインアウトを解消させず20メートルの間隔を保った状態で仕掛けるべきであり、ハイパントを蹴るなら相手の背後をとりやすい状況で、できるだけボールを下げずに蹴るべきだ。

24 キックレシーブからのハイパント

● レシーブ位置と味方FWの位置を意識してキックを判断する

1 キャッチした位置の認識が重要

　トライの攻撃起点の約30パーセントは、キックレシーブと言われている。つまりトライの3本のうち1本は、キックレシーブから生まれているということだ。

　キックレシーブはそれだけチャンスであり、できればキックを蹴り返すよりも、カウンターアタックを仕掛けたいところ。ただし、キックを蹴り込んできた相手のチェイスの面が整っている場合は、そう簡単に突破はできない。もし強引に仕掛けて味方FWより手前（自陣側）でつかまれば、一気に大ピンチを招いてしまう。そこで「キックを蹴り返す」という選択肢が出てくるわけだが、キックレシーブからハイパントを蹴り返す場合は、「自分がどの地域にいるか」ということを認識した上で蹴ることが重要になる。

　自陣22メートルライン付近でボールをキャッチしたケースでは、ほとんどの場合、味方FWがはるか前方にいる状況だ。そこでハイパントを蹴れば、戻りきれない味方FWより自陣側にボールが落ちてFWは全員オフサイド——という危機的状況になってしまう。そのため、この状況はハイパントではなくロングパントを選択すべきだ。

【自陣22メートルライン付近でレシーブした場合】

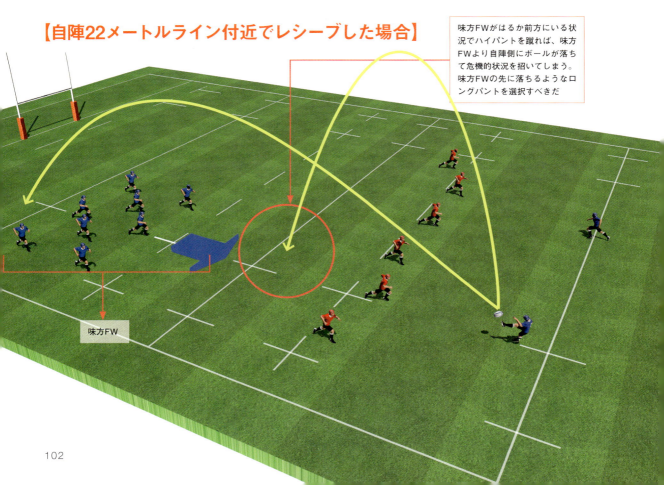

味方FWがはるか前方にいる状況でハイパントを蹴れば、味方FWより自陣側にボールが落ちて危機的状況を招いてしまう。味方FWの先に落ちるようなロングパントを選択すべきだ

一方、敵陣22メートルライン付近から蹴られた相手キックをハーフウェーラインから自陣10メートルライン付近でレシーブしたケースは、もっともハイパントを蹴り返すことが多い状況になる。このエリアからむやみにロングキックを蹴り返すと、相手にフェアキャッチされたり、転がったボールがゴールラインをオーバーしてドロップアウトになったりする可能性が高い。第一の選択肢はカウンターアタックを仕掛けることだが、相手のチェイス面が整っていて効果的なカウンターが難しい場合は、前方から戻ってくる味方FWより前に落ちるようなハイパントを蹴り、再獲得を狙いにいくのが、理にかなった選択だと言える。またこのエリアでのキックレシーブは、味方FWが「ハイパントを上げそうだな」と予測しやすく、リアクションを取りやすい利点もある。

【ハーフウェー付近でレシーブした場合】

この位置からロングパントを蹴ると、フェアキャッチされたり、ゴールラインをオーバーする可能性がある

味方FWがいる位置の少し前を狙って蹴れば、返ってくるFWの前にボールが落ち、キャッチ後の対応もしやすい

Point ハーフウェーラインより敵陣側でのキックレシーブではカウンターを仕掛ける

ハーフウェーラインより敵陣側でのキックレシーブは、キックを蹴り返すメリットがほとんどない。コントロールが乱れて少しキックが長くなっただけでゴールラインを越えてしまうし、デッドボールラインまで越えれば蹴った地点での相手ボールのスクラムになる。味方FWの距離も近く、敵陣に入っているのにわざわざキックで相手にボールを渡す必要はないので、このエリアでは迷わずカウンターを仕掛けるべきだ。

2　落とす位置はタッチライン寄りがベター

　ハイパントを落とす「位置」については、グラウンド中央よりもタッチラインに近いゾーンがベターだ。もし中央付近で相手にキャッチされれば、次のフェーズで相手は左右どちらにも攻められる有利な状況になる。一方、15メートルラインよりタッチライン側のゾーンに落とせば、相手に確保されても次の局面で攻める方向がひとつしかない守りやすい状況に持ち込める。

【ハイパントを落とす位置による違い】

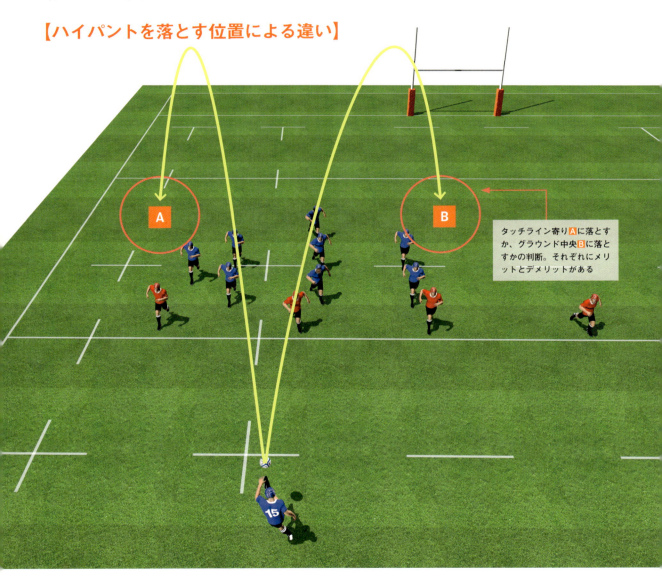

タッチライン寄りAに落とすか、グラウンド中央Bに落とすかの判断。それぞれにメリットとデメリットがある

　反対に考えれば、味方チェイサーがキャッチして再獲得した場合は、グラウンドの外側よりも中央付近のほうが次の局面で攻めやすくなる。しかしハイパントは「複数の選手がボールの周辺に集まってくる」という特性があり、キャッチできずディフェンスに回った側が陣形を整えられない状況になりやすい。50パーセントの確率で再獲得できる可能性があるとはいえ、キャッチできなかった時のリスクを考えれば、より守りやすい状況を作れるタッチライン側に落とすほうが賢明だ。

【 A タッチライン寄りに落とした場合】

ボールを確保した相手はオープンサイドのワンウェイしか攻める方向がないため、ディフェンス側は守りやすい

【 B グラウンド中央に落とした場合】

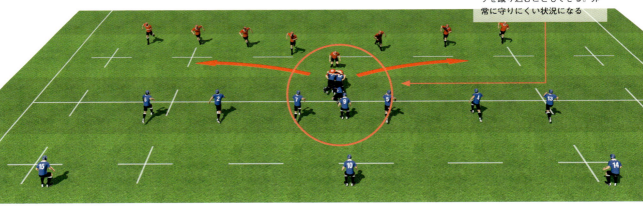

中央付近のポイントは攻撃側が左右にパスで攻めることもキックを蹴り込むこともできる。非常に守りにくい状況になる

Point 必ず味方FWより前に落ちるキックを蹴る

　キックレシーブからのハイパントで重要なのは、「必ず（前方にいる）味方FWより前に落ちるキックを蹴る」ということだ。味方FWより自陣側にボールが落ちれば、FWがその後ろまで返ってこなければならないため余分な時間がかかるし、当然ながら消耗も増える。キックレシーブ時はレシーバーと味方FWの距離が離れている（味方FWがはるか前にいる）場合が多いため、この点を特に意識する必要がある。味方FWより前に落ちるキックでも、キッカーより前にいたFWの選手はオンサイドプレーヤーに追い抜かれるまではオフサイドであるため、予想される落下地点から10メートル離れた位置までただちに後退することを意識しなければならない。ペナルティをとられればタッチキックで大きく陣地を戻された上に、相手ボールのラインアウトになる。絶対に反則をしないよう、全員がルールを理解して状況に対応できるよう徹底したい。

rugby tactics 105

25 自陣でのハイパント

▶ できれば避けたいが、意外な活用法も

1 再獲得を重視。チームで意思統一を

　自陣10メートルラインより手前から前進を図るためのキックを蹴るなら、ハイパントよりロングパントのほうが距離を稼ぎやすい。それでもハイパントを選択するのは、他に前進できる方法がなく、スコアや残り時間をふまえて仕方なくフィフティーフィフティーでハイパントを上げて再獲得を狙う——というケースが多いと考えられる。

　ハイパントとロングパントの最大の違いは、「50パーセントの確率で再獲得を狙える」という点だ。とりわけ自陣でハイパントを蹴る場合は、「再獲得を狙う」という目的を明確にした上で、チーム全体で意思統一して実行する必要がある。もし相手にボールキープされれば、自陣で、しかも守備陣系が崩れた困難な状態でディフェンスしなければならない。したがって自陣でのハイパントは、スコアや残り時間などが差し迫った状況でない限りは、できるだけ避けたほうがいいプレーだと言える。

【ロングパントとハイパントの違い】

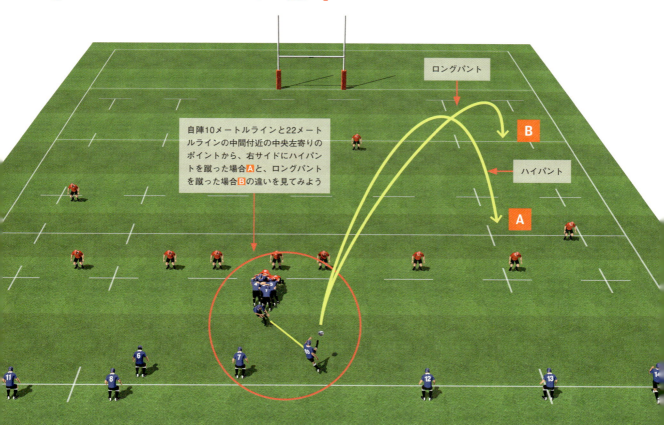

自陣10メートルラインと22メートルラインの中間付近の中央左寄りのポイントから、右サイドにハイパントを蹴った場合 A と、ロングパントを蹴った場合 B の違いを見てみよう

【 A ハイパントの場合】

▼ハイパントの場合、相手に確保されると中盤〜自陣寄りの守りにくいエリアで、なおかつ陣形が整わない状態で守らなければならないため、厳しい状況になりやすい

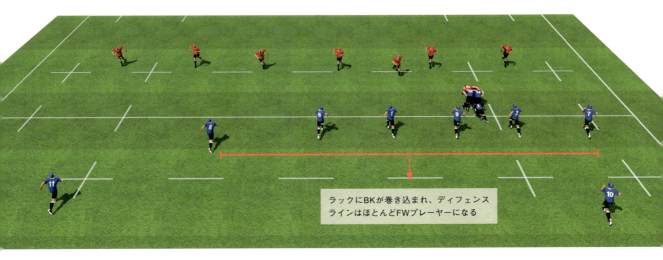

ラックにBKが巻き込まれ、ディフェンスラインはほとんどFWプレーヤーになる

【 B ロングパントの場合】

▼ロングパントの場合は相手にボールを渡すことになるが、きっちりとしたチェイス陣形を整えておけば、さほど怖さはない。そこで相手が蹴り返してくれば再び中盤で攻められる。ハイパントを確保された時のリスクがいかに大きいかがわかる

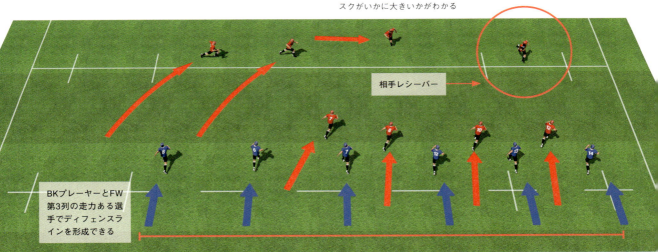

相手レシーバー

BKプレーヤーとFW第3列の走力ある選手でディフェンスラインを形成できる

 Point ### 再獲得を重視するハイパントは高さを抑えた"ミドルパント"が効果的

なお、ハイパントはボールが上がっている滞空時間が長くなればなるほど、自分たちだけでなく相手プレーヤーも落下地点に集まってくる。もちろん前進距離は伸びるが、そのぶんボールキープが難しくなるわけだ。そう考えれば、自陣で蹴る場合など再獲得を重視するハイパントは、目一杯高く蹴るのではなく、高さを抑えた"ミドルパント"くらいのほうが、相手のサポートの少ないところで競り合う状況を作りやすい。またそのほうが、コントロールの精度が上がるというメリットもある。

2　タッチキックでハイパントを使う有効性

　一般的な「ハイパント」とはやや意味合いが異なるが、自陣22メートルライン内にボールがある状況でタッチキックを蹴る際に、ハイパントに近い軌道のキックを使うのも、ひとつの有効な方法だ。22メートルライン内の、特にグラウンドの端のゾーンから蹴るキックは、軌道がタッチラインと平行に近くなるため、距離を伸ばそうとするとノータッチになりやすい（A）。うまく外に出て好タッチになったとしても、相手はタッチライン付近でキャッチできるため、クイックスローインから切り返されやすい（B）。

【タッチライン寄りでタッチキックを蹴る場合】

▼タッチライン寄りからのキックは距離を伸ばそうとするとノータッチになりやすい（A）。いいところでタッチに出ても、クイックスローインからカウンターアタックを仕掛けられやすくなる（B）

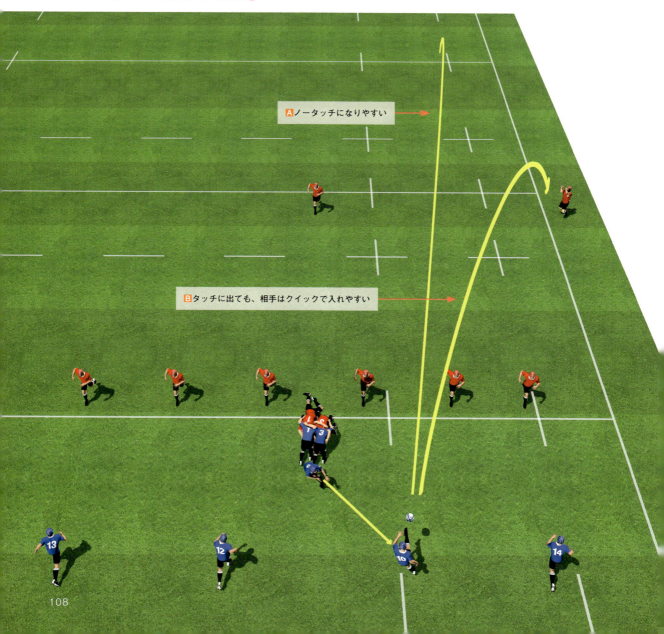

108

【ハイパントでタッチキックを蹴った場合】

そんな時、ハイパントでタッチキックを蹴ると、ボールの滞空時間が長くなるため、味方チェイサーが前に詰めてクイックスローインをさせないようにできる。これにより、味方FWが余裕を持って次のラインアウトに向かうことにもつながる。向かい風の場合は風の影響を受けて戻されるが、逆に風上の時は風に乗って距離が伸びるので、効果はさらに大きくなる。そこまで考えてキックの種類を判断できるようにしたい。

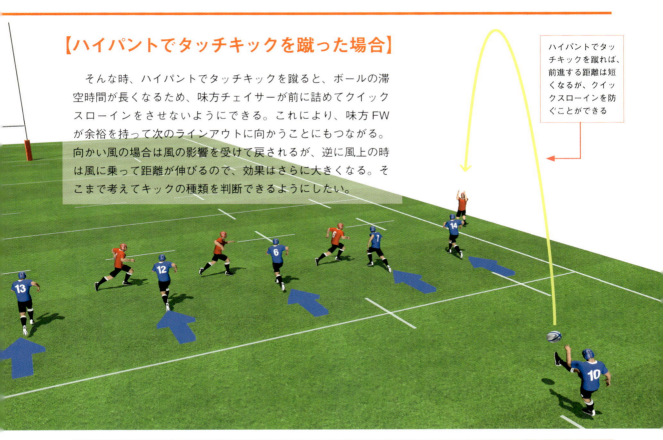

ハイパントでタッチキックを蹴れば、前進する距離は短くなるが、クイックスローインを防ぐことができる

Point 自陣でのタッチキックではハイパントに近いキックを

ハイパント系のキックはロングパントに比べコントロールがつけやすく、確実にタッチに出したいケースでは意外にメリットが多い。軌道がロングキックに比べ上向きになるため、相手のチャージにかかりにくくなる利点もある。こうしたことからも、自陣でのタッチキックでハイパントに近いキックを使うのは、理にかなっている。ハイパントのさまざまな活用法をチームとして持っておけば、試合運びの幅が広がるはずだ。

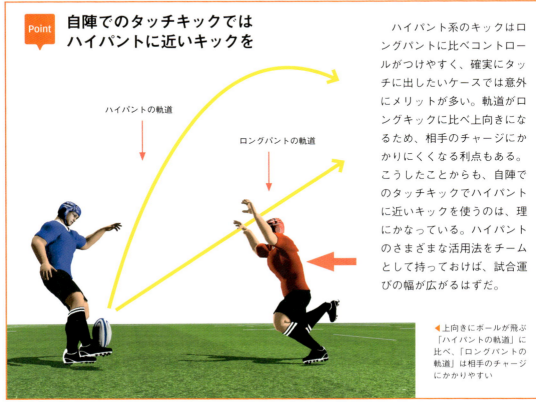

◀上向きにボールが飛ぶ「ハイパントの軌道」に比べ、「ロングパントの軌道」は相手のチャージにかかりやすい

26 ハイパントに対するディフェンス

● ディフェンスラインとキックケアの間の空間をいかに守るか

1 「前の選手が戻って対応」がベター

　チームのディフェンスシステムにより多少の違いはあるが、前面に形成するディフェンスラインと、最後方でキックに備えるプレーヤーの間には、必ず大なり小なり空間が生じる。ハイパントのターゲットになるのが、まさにこのスペースだ。そのため守る側にとっては、誰がどのようにそのエリアのボールを処理するかを明確にしておくことが大切になる。特に3次攻撃以降のアンストラクチャーの状況で、相手のハイパントに対する対処法をチームとして持っているかどうかの違いは非常に大きい。

　ハイパントの対処法は大きく分けて、A前にいるプレーヤーが戻ってキャッチしにいくケースと、B後方のFBやWTBが前に出ながらキャッチしにいくケースの2つがある。個人的には、できるだけ前にいるプレーヤーに戻って対応させたほうがいいと考える。なぜなら、もし最後方のFBがキャッチしにいってエラーした場合、その後ろをカバーする選手がいなくなるからだ。ボールが後方に転がった時に対応する選手がいなければ、トライを奪われる危険性は大幅に高まる。前方の選手が戻ってハイパントに対応するようにしておけば、仮にキャッチミスが起こったとしても、最後方のFBなりWTBなりがカバーすることができる。

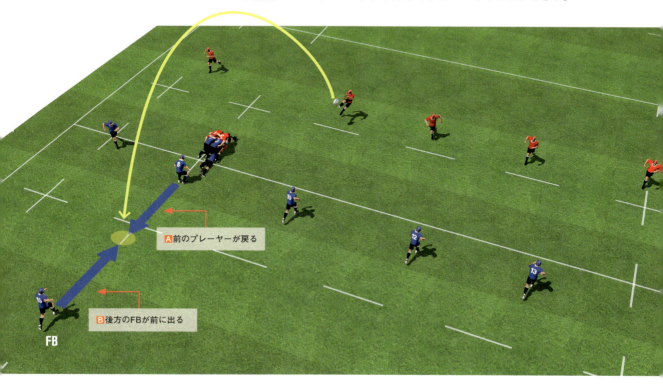

▲ディフェンスラインと最後方の選手の間に落ちるハイパント。A前のプレーヤーが戻るのと、B後方のFBが前に出るのとではどちらがいいだろうか

【 A 前のプレーヤーが戻る】

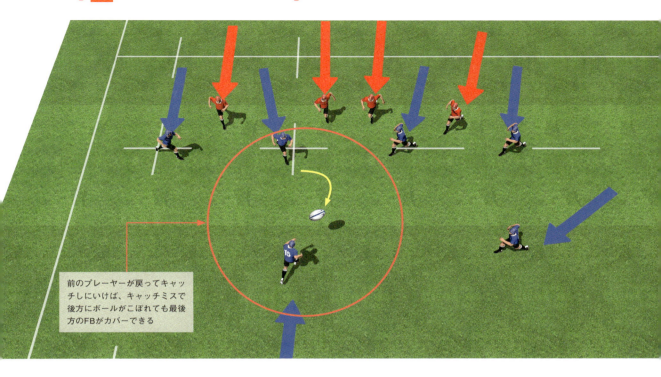

前のプレーヤーが戻ってキャッチしにいけば、キャッチミスで後方にボールがこぼれても最後方のFBがカバーできる

【 B 後方のFBが前に出る】

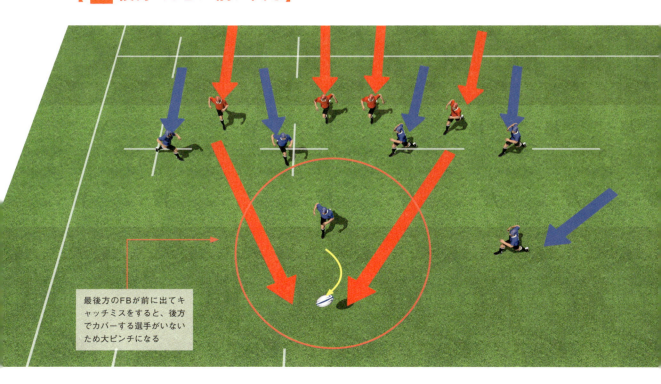

最後方のFBが前に出てキャッチミスをすると、後方でカバーする選手がいないため大ピンチになる

2　中間層のキック対応役を決めておく

　単純にキャッチのしやすさだけを考えれば、前に出ながら取りにいくほうがキャッチはしやすいだろう。しかし私はそれよりも、最後方の選手がキャッチしにいくリスクを避けるほうが重要と考える。そのため、相手がハイパントを蹴ってきそうだと感じたらすばやく下がり気味にポジショニングして対応する選手を、できるだけチームの中に配置するようにしておきたい。

　多くのチームは、比較的自由にポジショニングできてボールスキルも高いSHにディフェンスラインと後方のキックケアプレーヤーの間の空間を埋めさせているが、SHは身長の低い選手が多く、ハイパントで相手と競り合いになると不利だ。SHに加え、NO８やFLなどサイズと走力がある選手の中から特にゲームを読む力に優れたプレーヤーを、このスペースの対応役として配置する守り方を、チームとして確立できれば、ハイパントを蹴られてもさほど怖さを感じなくなる。

【ディフェンスライン〜最後方のディフェンダー間の役割分担】

ディフェンスラインの裏へのキックをSHが対応し、ポイント後方へのハイパントをNO8が対応するようにすれば、FBとWTBを最後方に残しておくことができる

もちろん時にはそうした選手がポイントに巻き込まれるなどして、最後方のFBやWTBが前に出てキャッチしなければならない状況もしばしば起こる。そうなった時に、誰が元々FBのいた位置に下がって次の局面でキックに備えるかという対応策を、チームとしてあらかじめ持っておくことも大切だ。

【ハイパント対応役がラックに巻き込まれたケース】

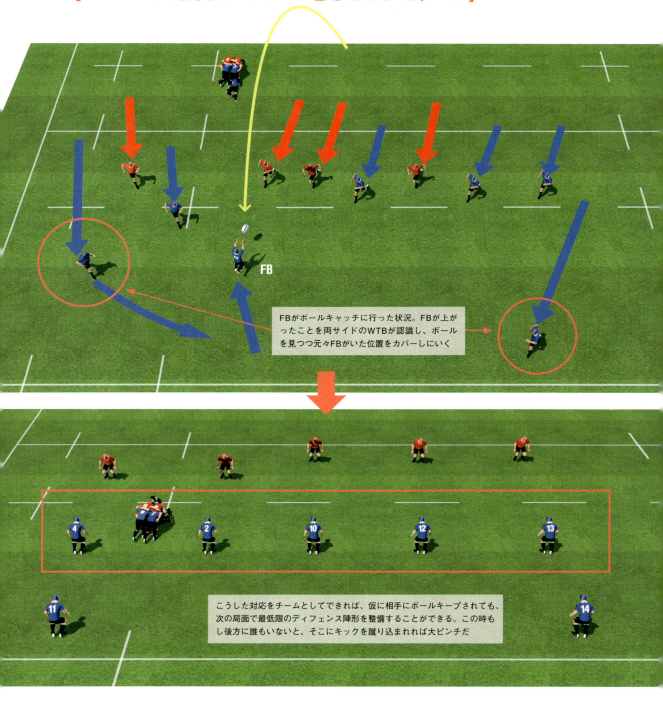

FBがボールキャッチに行った状況。FBが上がったことを両サイドのWTBが認識し、ボールを見つつ元々FBがいた位置をカバーしにいく

こうした対応をチームとしてできれば、仮に相手にボールキープされても、次の局面で最低限のディフェンス陣形を整備することができる。この時もし後方に誰もいないと、そこにキックを蹴り込まれれば大ピンチだ

27 ハイパントキャッチからのアタック

▶ キャッチ後にチャンスあり。味方FWの負担軽減も

▶ 中央付近でキャッチ＝外にスペースがある

▼相手プレーヤーがグラウンド中央に集まってくる状況。ボールを確保すればチャンスになりやすい

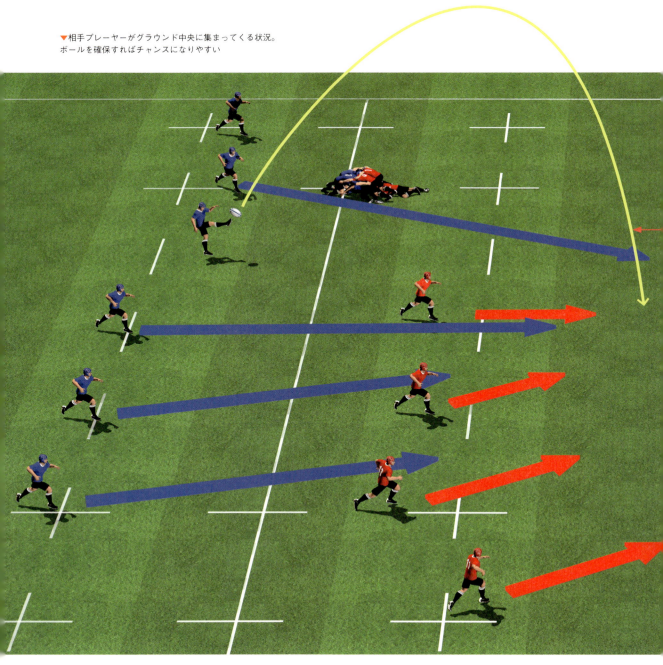

90ページの「スクラムからのハイパント」でも述べたが、自陣と敵陣のHポールを結んだグラウンド中央付近のゾーンにハイパントを上げると、相手にキャッチされた時にピンチになりやすい。キックを蹴る側としてはできるだけ避けたほうがいい選択だ。一方でキックを蹴られる側にとっては、グラウンド中央のハイパントを確保すれば、外側に大きなスペースがあるビッグチャンスの状況になる。

　キックレシーブでは、ボールキャッチの直後にタックルを受けてできた密集なら、パイルアップになっても（ボールを出せなくても）マイボールスクラムでの再開になることから、「ハイパントを確保したらしっかりポイントを作って固める」と決まりごとにしているチームが多い。しかし実は、すかさずボールを動かしてスペースを攻めたほうが効果的なケースも少なくない。

　特にハイパントの場合は、味方FWは戻ってきて密集に参加しなければならない上、前に出る勢いのついた相手FWの圧力をまともに受けてしまう。そのため時間をかければかけるほど厳しい状況になりやすい。近くにいる選手ですばやくボールアウトしてスペースにボールを動かせば、味方FWの負担を軽減することにもなる。

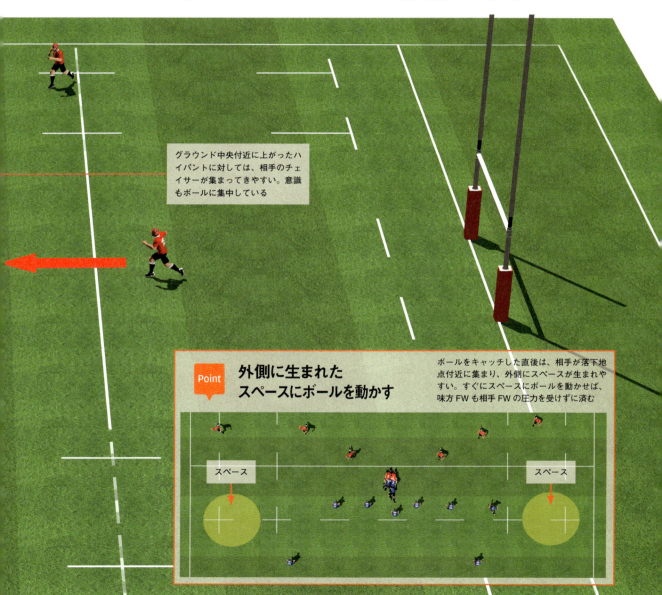

グラウンド中央付近に上がったハイパントに対しては、相手のチェイサーが集まってきやすい。意識もボールに集中している

Point　外側に生まれたスペースにボールを動かす

ボールをキャッチした直後は、相手が落下地点付近に集まり、外側にスペースが生まれやすい。すぐにスペースにボールを動かせば、味方FWも相手FWの圧力を受けずに済む

スペース　　スペース

rugby tactics

Column 3

ハイパント戦術

　ハイパントは、世界中でもっとも広く知られるキック戦術のひとつだ。昔から使われてきたため、「時代遅れの戦術」とのイメージを持つ人も少なくないが、依然としてその有効性は高い。特に近年は、高度に組織化されたディフェンスを崩す手段のひとつとして、さまざまな活用法が各国で研究されている。

　ハイパントの最大の特徴は、「陣地を進めつつボールを再獲得できる可能性がある」という点だ。ただし、明確な意図を持って蹴る場合と、何も打つ手がなくとりあえず上げようといって蹴る場合では、意味合いが大きく違う。「打つ手がない＝こちらの攻撃人数が少ないのに相手防御が整っている状況」であり、そこでキックを蹴れば、悠々と相手に確保されてカウンターアタックから逆にピンチを招く可能性が高い。同じ地点にボールが落ちたとしても、蹴る側の心理状態によってプレーの中身はまったく別物になることを理解しておく必要がある。

　日本チームと海外チームの対戦でよくあるのが、スコアが動いていない試合序盤に海外チームがハイパントを使って主導権を取りにくるケースだ。相手が元気な序盤はランやパスでなかなか前進できないためキックが多くなるが、ロングキックを蹴り込むばかりでは攻めの機会を作れない。そこで50パーセントの確率で再獲得が狙えるハイパントを積極的に使い、上背とFWの推進力を前面に押し出して圧力をかけ、ある程度スコアが開いてからボールを動かして攻めてくるわけだ。同様のことは国内のゲームにも当てはまり、体格や地力に優るチームがハイパントを上げてくると、守るほうは非常に守りづらい。

　ニュージーランドやオーストラリアで顕著だが、近年はハイボールキャッチの強い選手を必ず数人メンバーに入れ、チーム戦術にハイパントを組み込んでいる。ひとりBKラインに入れるだけで攻撃の幅が大きく広がるので、参考にしてみるといいだろう。

　なお余談だが、現在私が指導する東海大相模高校ラグビー部にはサッカーのゴールキーパー出身のコーチがおり、「キーパーズ・ドリル」という練習を取り入れている。ハイボールキャッチのメニューもあり、それによって選手のキャッチング能力は確実に高まっている。私自身この学校に来てあらためて気づかされたのだが、どんな選手でもキャッチング能力は練習によって向上させることができる。ここは、日本でももっと認識されていい部分だろう。

第5章

実践編④ カウンターアタック
～本当に効果的な
　カウンターアタックの仕掛け方とは～

28 カウンターアタックの考え方

● 次の攻撃のために、布石を打つ

1 グラウンドを３分割し、状況に応じて適切な位置に球を動かす

　第１章でも述べたが、キックレシーブにおけるカウンターアタックとは、スピードランナーが相手防御を切り裂いてビッグゲインするようなプレーだけを指すのではない。敵味方の状況を把握した上で、次の局面でチャンスが広がるプレーを選択できれば、それで十分カウンターアタックは成功したと言える。そのことをふまえて、カウンターアタックの仕掛け方のポイントを説明してみたい。

　相手が蹴り込んだキックを最後方のFBがキャッチした時、多い場合は両サイドのWTBを含めて３人、少ない場合はFBひとりという状況でカウンターアタックを仕掛けることになる（前のディフェンスラインから戻って参加するCTB陣はここでは考慮しない）。FB単独ならできることは限られるが、２人以上いる場合はランとパスを組み合わせることで、意図的に特定のゾーンへボールを動かすことができる。それによって相手ディフェンダーを一か所に集めてスペースを作り出し、次のフェーズでそこを攻める——というのが、カウンターアタックのひとつの考え方だ。

【FB単独の場合】

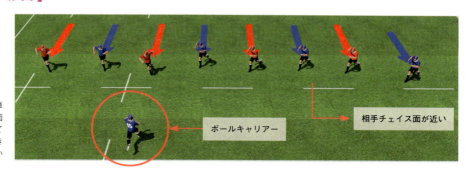

▶ボールキャリアー単独で、相手チェイス面がすぐ近くまで迫っている。この状況でできることは非常に少ない

【３人で攻められる場合】

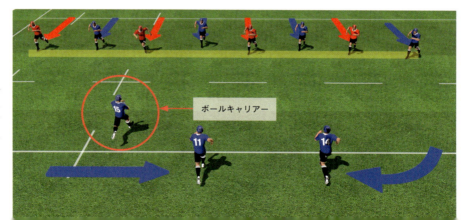

▶複数でカウンターアタックを仕掛けることができ、相手チェイス面との距離もある。さまざまな攻め方ができる状況だ

キャッチした瞬間に相手のチェイス面が5メートルの距離まで迫ってきている状況なら別だが、チェイス面との距離があり、かつ複数でカウンターを仕掛けられる場合は、さまざまな選択肢の中から状況に応じて最適なプレーを判断することが大切になる。実際の試合において、そうしたカウンターアタック戦術をチームとして持っているかいないかの違いは非常に大きい。

具体的な方法として現在よく用いられるのは、下図のようにFWに近いサイドからグラウンドを縦方向にAゾーン、Bゾーン、Cゾーンと3分割し、状況に合わせてどこにボールを運ぶかをチームとしてあらかじめ決めておくやり方だ。ボールの落下地点と味方FWの位置、カウンターアタックに参加できる人数に応じてどのゾーンにボールを運ぶかという決め事をチームで作っておけば、味方FWはキックを蹴り込まれた瞬間にその決め事に沿ってポジショニングすることができる。そのぶんすばやくボールキャリアーをサポートできるため、キャリアーが相手ディフェンダーにつかまったとしても、ターンオーバーされる危険性は大幅に少なくなる。まずはそうした決め事をチームとして作り上げておくことが、効果的にカウンターアタックを行う上でのキーポイントと言える。

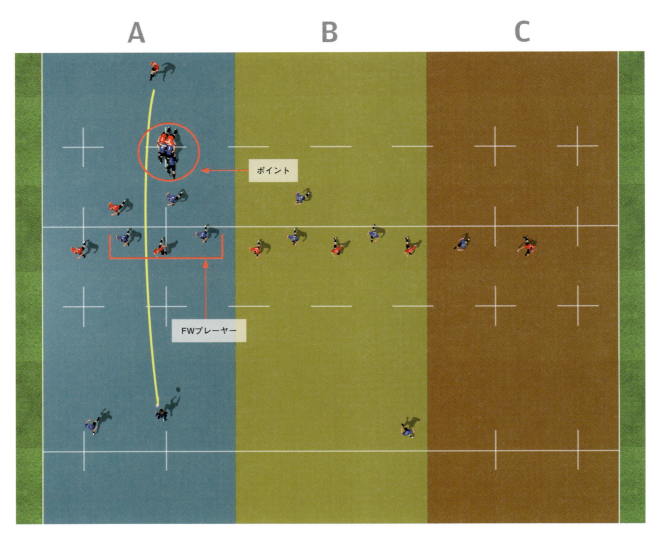

▲グラウンドを縦に3分割すると、どのゾーンに仕掛けるかという共通認識をチームで持ちやすい。そのぶんサポートも早くなる

2　相手チェイス面が整っている場合は
　　グラウンド中央付近は避ける

　3つのうちどのゾーンにボールを運ぶのがいいかはその時の状況によって異なるが、カウンターアタックの次の局面での攻撃を考えれば、両サイドに攻める選択肢がある真ん中のBゾーンにポイントを作るのが、もっとも攻めやすい状況を作り出せる。ただし相手のチェイス陣形がきっちりそろっている状況で無理にそこを攻めれば、まんまと防御網にかかって逆にピンチを招いてしまう危険性が高い。この場合は、Bゾーンを攻めるのは避けたほうがいいだろう。

【Bゾーンにポイントを作りにいく場合】

A　　　　B　　　　C

チェイス面が整っている

▲Bゾーンでポイントを作れば次の攻撃は仕掛けやすいが、チェイス面が整っている場合は前進するのが難しい。つかまって相手の前に出る勢いにラックを乗り越えられてターンオーバーされれば、大ピンチだ

そのため、相手のチェイス陣形が整っている場合は、ボールキープを最優先して両サイドのAまたはCゾーンにボールを動かして攻めるほうがいいだろう。もっともこの場合でも、ボールをキャッチした位置に近いサイドを攻め上がるのか、それとも逆サイドへ大きくボールを動かすのかで、攻撃の狙いと全体の動き方は変わってくる。

【AまたはCゾーンにボールを動かす場合】

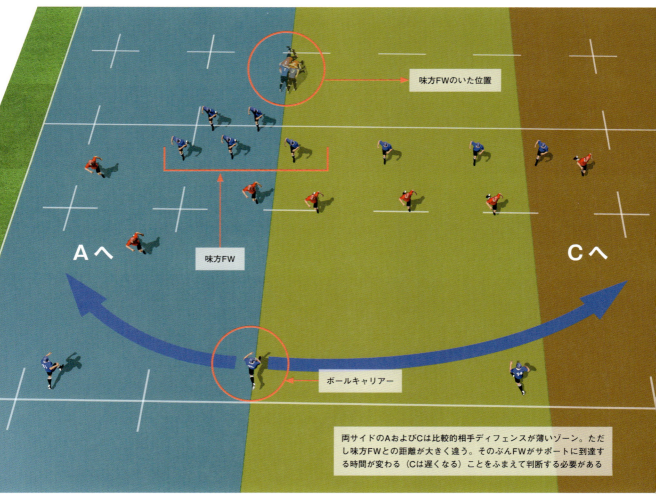

両サイドのAおよびCは比較的相手ディフェンスが薄いゾーン。ただし味方FWとの距離が大きく違う。そのぶんFWがサポートに到達する時間が変わる（Cは遅くなる）ことをふまえて判断する必要がある

こうしたチームとしての意思統一がないまま、ボールキャリアーが好き勝手にカウンターアタックを仕掛けると、味方のサポートが遅れて孤立しやすい。サポートプレーヤーの到着が1秒遅れるだけで、ボールキープできる確率は大幅に下がる。孤立した状況でもしボールキャリアーがすぐに倒されれば、かなりの確率でターンオーバーされるか、ペナルティを取られてしまう。それならまっすぐ蹴り返したほうがまだましだろう。

こうしたことをふまえた上で、「状況に応じて最適なプレーを選択すること」が、カウンターアタックのカギだということを認識しておこう。

29 ゾーン別 カウンターアタックの狙いと攻め方

● それぞれのメリットとデメリットを認識して判断する

次に、A（FWに近いサイドのタッチライン側）、B（グラウンド中央）、C（FWから遠いサイドのタッチライン側）の3つのゾーンごとに、カウンターアタックを仕掛ける狙いとそこでの攻め方を説明してみよう。なおここでは、敵陣22メートルライン外の左タッチラインから10メートル内側の位置から相手SOが蹴り込んだボールを、味方左WTBが自陣10メートルラインと左サイドの15メートルラインが交差する付近でキャッチした状況を想定している。

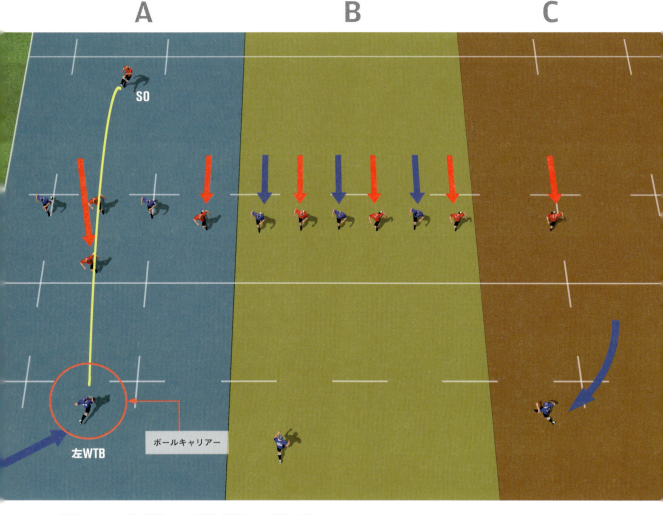

▲自陣10メートル付近で相手チェイス面との距離もある状況。点差や残り時間をふまえて、さまざまな仕掛け方が考えられる場面だ

1 Aゾーンを攻めると
オープンサイドにスペースが生まれやすい

まずAゾーンへのカウンターアタックは、近くにいる相手FWがボールに集まってきやすい。そこでしっかりポイントを作ってすぐにボールアウトできれば、相手FWを寄せた状態で逆サイド（右オープン）の外にスペースを作り出すことができる。また味方FWが近い位置にいるためサポートしやすく、他のBKプレーヤーはポイントに入らずに次のフェーズに備えて攻撃陣形を整えられるメリットもある。

その反面、このゾーンは味方だけでなく相手のFWの数も多いため、味方FWの集散が遅れればまともに相手FWのプレッシャーを受けてターンオーバーを喫しやすい。また動く距離も短くなるので、相手FWが大きく重い場合は、遠くにポイントを作る場合に比べより強い圧力を受けることになる。

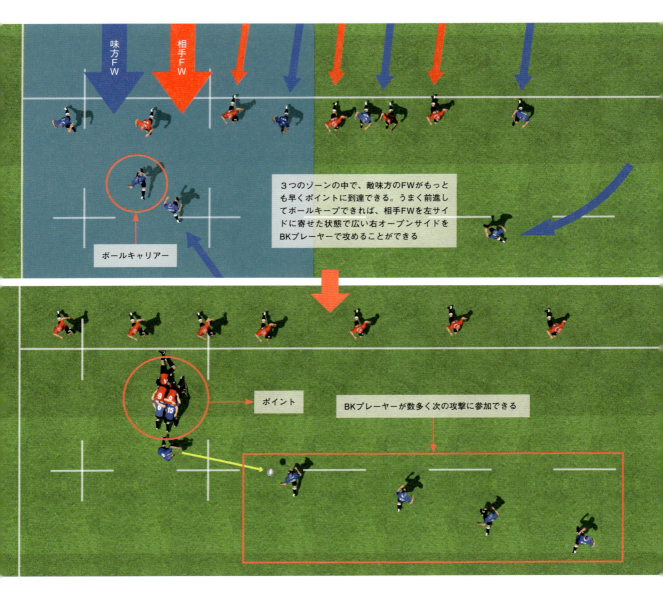

2　Bゾーンに起点を作れば次のフェーズが攻めやすい

ではBゾーンの場合はどうだろうか。120ページで説明したように、グラウンド中央は相手チェイス面がそろっている時は攻めにくいゾーンだが、ここでポイントを作ってボールキープできれば、次のフェーズでは左右両サイドに攻められる有利な状況を作ることができる。もしBKプレーヤーが多くポイントに入って次の攻撃に参加できない場合でも、両コーナーにキックを蹴りやすいため、陣地を戻せる可能性が高い。

キャリアーがコンタクト力に優れボールキープ率が高い、味方FWの戻りが早い、相手のチェイス面が整っていないといったケースなら、思い切ってこのゾーンに仕掛けに行きたい。

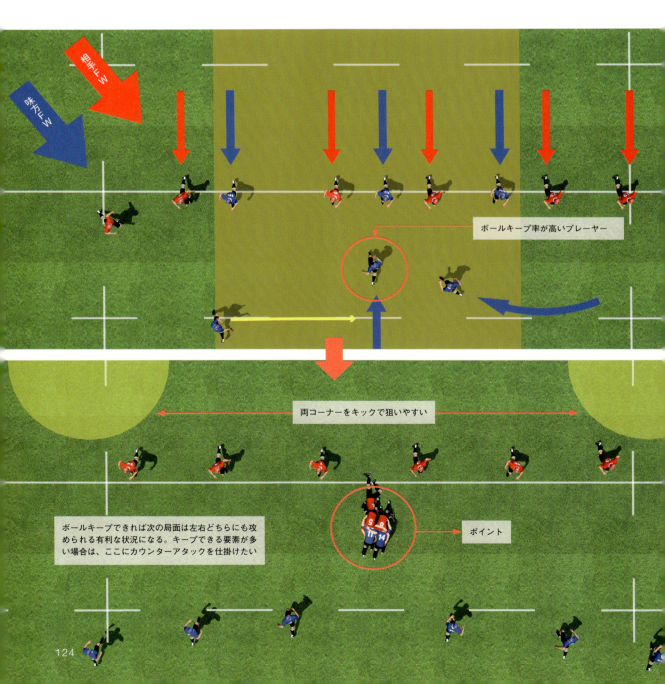

3 Cゾーンは密集裏にチャンス！

　もっともFWから遠いCゾーンへワイドなアタックを仕掛けてポイントができると、アウトサイドの相手ディフェンダーを密集に巻き込んだ上に相手の大半の選手は逆目のオープン側にポジショニングするため、ポイントの真後ろに大きなスペースが生まれやすい。そこへSHからすかさずキックを転がしてチェイサーを走らせれば、大きなトライチャンスになる。

　ただしこのゾーンは味方FWからも一番離れた場所だけに、サポートが薄くなりやすい。そこでターンオーバーされれば、即大ピンチとなる。バックスリー全員、場合によってはCTBもポイントに入ってボールキープを最優先するべきだ。またそのため、次のフェーズでアタックに参加できるBKプレーヤーが少なくなるということも、頭に入れておく必要がある。

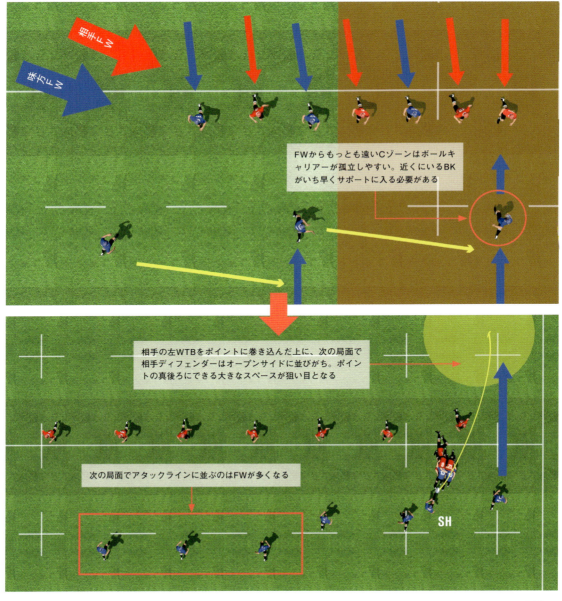

FWからもっとも遠いCゾーンはボールキャリアーが孤立しやすい。近くにいるBKがいち早くサポートに入る必要がある

相手の左WTBをポイントに巻き込んだ上に、次の局面で相手ディフェンダーはオープンサイドに並びがち。ポイントの真後ろにできる大きなスペースが狙い目となる

次の局面でアタックラインに並ぶのはFWが多くなる

30 サイドからのカウンターアタックの仕掛け方

▶ 相手の守りやすい状況から、攻めやすい状況にして仕掛ける

1 「いったん中央にボールを動かす」が基本

これまでも再三述べてきたが、攻撃側がアタックを仕掛けやすいのは、起点（ボール）がグラウンド中央付近（Bゾーン）にある状況だ。守備側にすればその状況を避けるために、キックを蹴り込む際はできるだけタッチラインに近い両サイドのゾーンを狙ってくる。

では、両サイドのAまたはCゾーンでキャッチした状況からカウンターアタックする際は、どのように仕掛けるのがいいだろうか。

【右WTBが右タッチライン際でキャッチした場合】

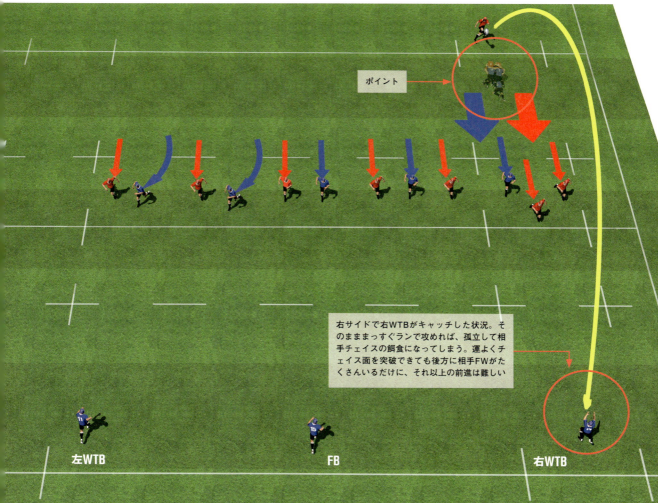

右サイドで右WTBがキャッチした状況。そのまままっすぐランで攻めれば、孤立して相手チェイスの餌食になってしまう。運よくチェイス面を突破できても後方に相手FWがたくさんいるだけに、それ以上の前進は難しい

よく見られるのは、キャッチした選手が中央に位置するFBにパスをつなぎ、いったんグラウンド中央にボールを動かしてから攻める方法だ。こうすることで攻撃方向がワンウェイしかなかった状況から、左右の2方向に攻められるようになり、アタックの選択肢は大幅に広がる。ボールキャリアのFBを頂点に両サイドのWTBと3人で三角形を形成すれば、FBがランで抜きに行ってもWTBがフォローできるし、ループやシザースでWTBを走らせることもできる。

キャッチした時に相手チェイス面と距離があるケースなら、まずはこの形を作ってから、A、B、Cのどのゾーンに仕掛けるかを判断するのがいいだろう。

【中央のFBにパスした状況】

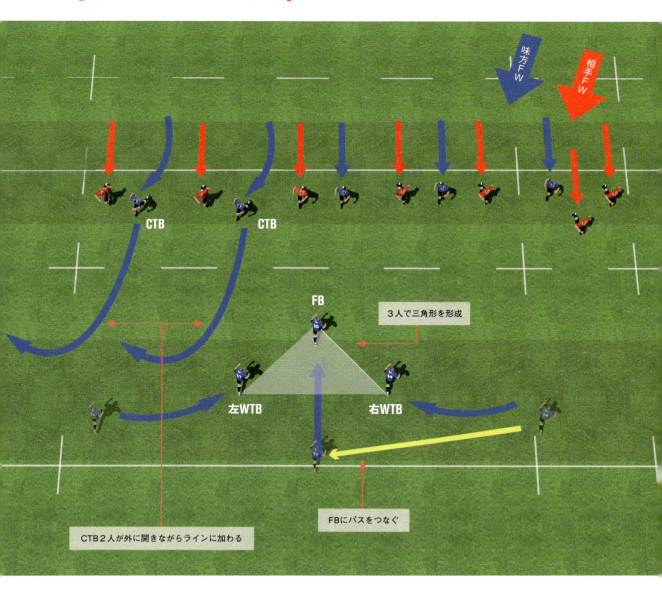

▲真ん中にボールを動かすことで両サイドを攻められるようになり、キックの蹴り返しも両コーナーを狙える。相手FWからもボールを遠ざけることになるこの形を作りたい。CTBの2人が外に開きながらラインに加われば、さらにカウンターアタックの厚みが増す

2　ダブルFBの場合も単独ではなく2人で攻めることを意識

　キックに備える選手を両サイドにひとりずつ下げる、いわゆる「ダブルFB」の陣形の場合は、レシーバーともうひとりのプレーヤーの距離が遠すぎてパスができないというケースが考えられる。その時はそれぞれの選手がBゾーンに向かって斜めに走り、2人で攻められる状況を作りにいくのもひとつの手段だ。当然ながら単独で攻めるより2人で攻めたほうがアタックの選択肢は広がるし、そのぶん相手は守りにくくなる。ディフェンダーにつかまった時もすばやくフォローできるため、孤立しにくい。

【後方の2人で攻められる形を作った状況】

ダブルFBの陣形から2人がBゾーンに向かって走り、2人で攻める形を作った状態。ランだけでなくパスの選択肢が加わったことで、攻撃の仕掛け方は何通りにも広がる

いずれのケースでも共通して言えるのは、タッチライン側でキャッチした選手が何も考えず前へまっすぐ突っ込めば、相手のチェイス陣形の餌食になってピンチを招きやすい、ということだ。相手は次の局面でボールを奪い返すことを想定して守りやすい位置にキックを蹴ってくるのであり、キャッチした位置からそのまま攻め上がるのは、わざわざ相手の罠にはまりにいくようなもの。まずは自分たちが仕掛けやすいシチュエーションを作ってから攻めるのが、カウンターアタックを成功させるための大きな要素と言える。これはクイックスローインの場合も同様で、できる限りグラウンド中央にボールを動かしてから左右どちらに攻めるかを判断することを心がけたい。

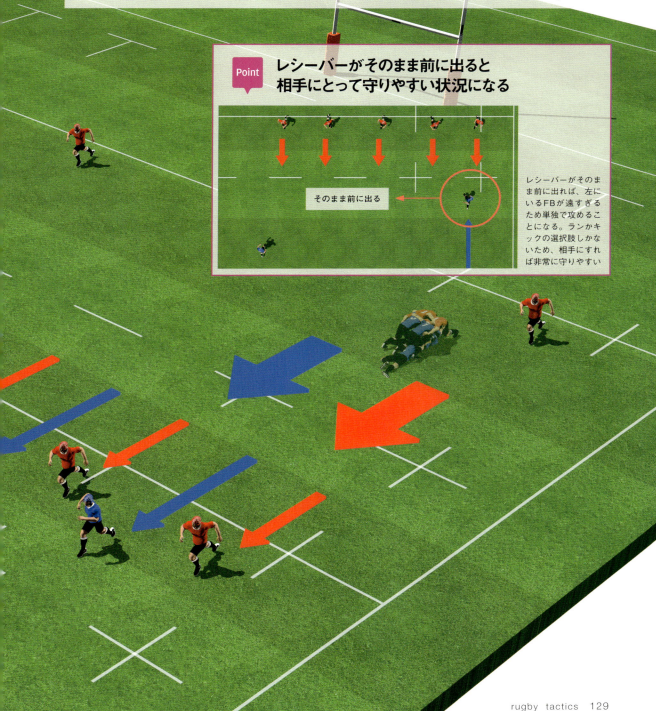

Point: レシーバーがそのまま前に出ると相手にとって守りやすい状況になる

そのまま前に出る

レシーバーがそのまま前に出れば、左にいるFBが遠すぎるため単独で攻めることになる。ランかキックの選択肢しかないため、相手にすれば非常に守りやすい

31 相手チェイスに合わせた攻め方 ①

> 問題は、チェイサーがボールに寄ってくるかどうか

1 ボールを追ってくるチェイサーの背中をとりにいく

キック時の相手ディフェンスの動きを分析すると、カウンターアタックを仕掛ける際にどこにスペースがあり、どこに穴ができやすいといった傾向が見えてくる場合がある。

たとえば左タッチラインから10メートル内側に飛んできたキックを、左WTBがキャッチした場面を想定してみよう。レシーブした左WTBが原則に従い中央のFBにパスをした時、チェイスにくる相手の右WTBがボールの動きに合わせてFBに寄ってくるなら、その選手が元々いた位置にスペースができやすい。FBからのリターンパスでふたたび左WTBにボールを持たせてそのゾーンを走らせるといった、チェイサーの背中をとりにいくアタックが有効になる。

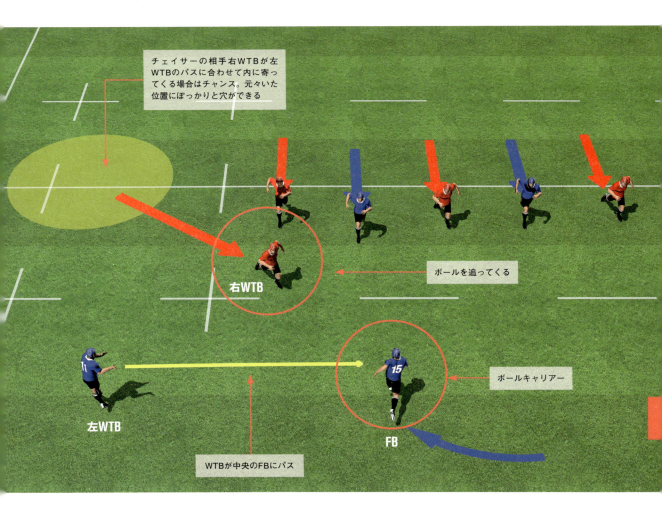

point of view
攻撃側FBからの視点

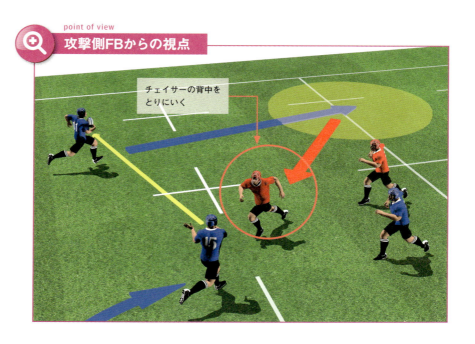

チェイサーの背中をとりにいく

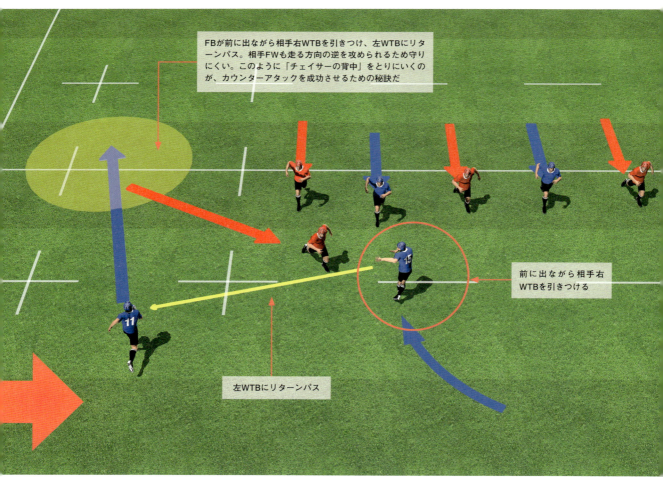

FBが前に出ながら相手右WTBを引きつけ、左WTBにリターンパス。相手FWも走る方向の逆を攻められるため守りにくい。このように「チェイサーの背中」をとりにいくのが、カウンターアタックを成功させるための秘訣だ

前に出ながら相手右WTBを引きつける

左WTBにリターンパス

2　まっすぐ上がる相手はやっかい。次善策で対処

　一方、パスやランで内側にボールを動かしてもチェイサーが等間隔を保ったまま面をそろえてまっすぐ上がってくるチームは、そうしたスペースができにくい。キック戦術の習熟度が高く、カウンターアタックで突破を図るのが難しい相手と言える。強引に仕掛ければどんどん相手の思う壺にはまってしまうので、ボールキープの確率がもっとも高い方法でポイントを作りにいくか、キックを蹴り返すのがいいだろう。

> 走るコースと体の向きがまっすぐのまま相手チェイサーが上がってくる場合、背中をとりにいくことができない。攻めどころがなく、無理やり攻めようとすればたちまち防御網にかかってピンチを招いてしまう

このように、相手チェイサーの追い方や体の向き、チェイス面全体の上がり方まで意識してプレー選択を判断することも、カウンターアタックを成功させる上で大事な要素だ。特にスコアや残り時間から、どうしても蹴り返しではなくカウンターアタックを仕掛けなければならない状況では、こうした細かい部分の意識が結果を左右する。チームとして取り組んでおくべきテーマだ。

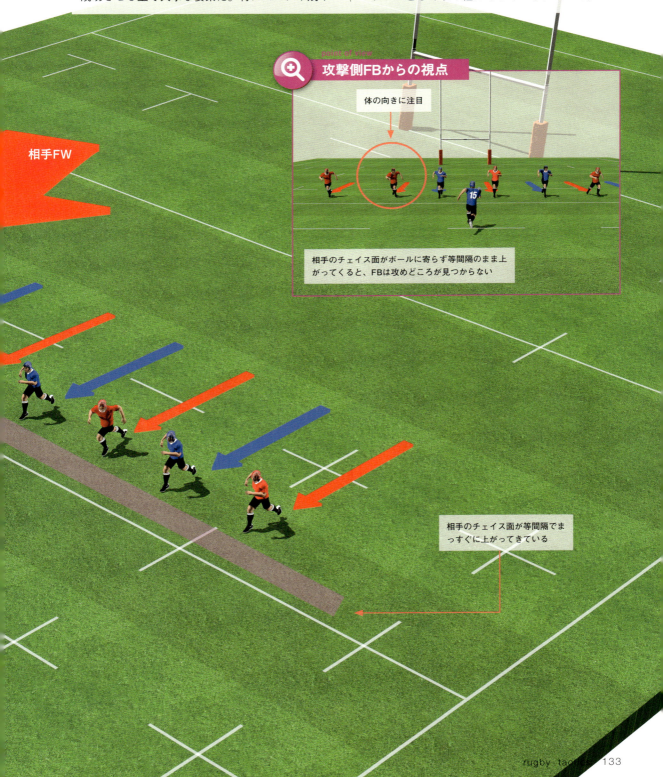

point of loss
攻撃側FBからの視点

体の向きに注目

相手のチェイス面がボールに寄らず等間隔のまま上がってくると、FBは攻めどころが見つからない

相手FW

相手のチェイス面が等間隔でまっすぐに上がってきている

32 相手チェイスに合わせた攻め方 ②

▶ 相手を寄せて、スペースや穴を作り出す

▶ 中央のチェイサーの動きにも注目。外、間にチャンスあり

前項では、相手チェイス面の端のチェイサーの体の向きによって穴をつく攻め方を紹介した。同じように、チェイス面の真ん中のチェイサー（主にCTBが担うことが多い）のランコースと体の向きを意識することでも、カウンターアタックを効果的に仕掛けることができる。

これまでに、いったんボールをグラウンド中央に動かしてから仕掛ける効果を説明したが、特に真ん中のチェイサーがボールに寄ってくるタイプのチームに対しては、この攻め方がより有効に働きやすい。たとえば下図のようにBゾーン（中央付近）でパスを受けたFBがFWのいるサイドに向かって上がり、真ん中のチェイサーを寄せたところで回り込んできたWTBにループでつなげば、オープンサイドでチャンスを作りやすい。

【中央のチェイサーがボールに寄ってくる場合】

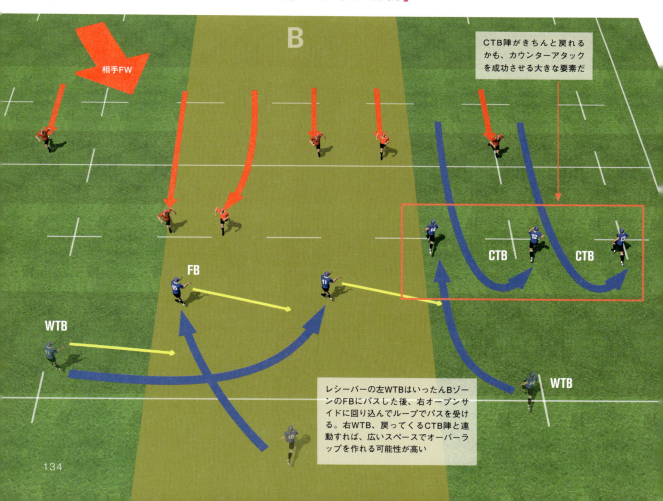

CTB陣がきちんと戻れるかも、カウンターアタックを成功させる大きな要素だ

レシーバーの左WTBはいったんBゾーンのFBにパスした後、右オープンサイドに回り込んでループでパスを受ける。右WTB、戻ってくるCTB陣と連動すれば、広いスペースでオーバーラップを作れる可能性が高い

逆に真ん中のチェイサーがボールの動きにかかわらずまっすぐ上がってくる相手の場合はスペースを作り出すのが難しいが、それでも相手FWが密集しているAゾーン（タッチライン側）に比べ、BKだけのBゾーンのほうがディフェンスは薄いのも事実だ。こうしたケースでは、下図のようにBゾーンでボールを持ったFBが前に出てくる相手FWに向かって走ることで相手FWの足を止め、ブラインドWTBがシザースでパスを受けて相手CTBの間にある穴を狙いにいくようなアタックが考えられる。

相手チェイス面の間隔が広い場合は、後述するエスコートランと組み合わせるなどして、こうしたアタックを積極的に仕掛けたい。

【中央のチェイサーがまっすぐ上がってくる場合】

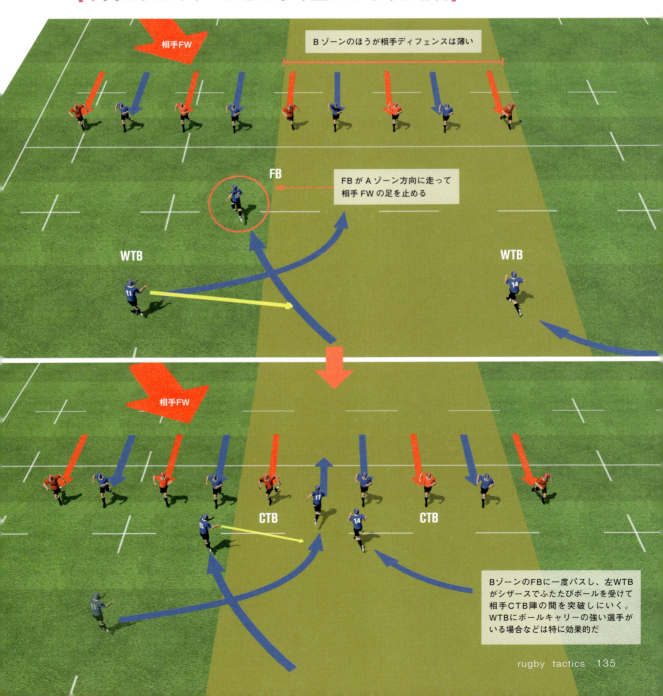

33 FWを考慮した仕掛け方

● 相手FWとの衝突を避け、味方FWを活用する

1 相手FWの壁をいかにかわすか

　カウンターアタックを仕掛ける上でもうひとつの重要な要素は、「敵味方のFWがどこからきているか」を認識することだ。相手のFWがどの方向からチェイスにきているかによっても、A、B、C各ゾーンのどこに攻めどころがあるかが変わってくる。

　たとえば下図のようにBゾーンの相手ボールのラックからSOがまっすぐキックを蹴ってきた場合、相手のFWは広がりながらまっすぐ前に出てチェイスにくる。それに対して「カウンターアタックはグラウンド中央を攻めるのがセオリー」だからといってそのまま突っ込めば、壁にぶつかりにいくようなもので、ピンチを招くのは明らかだ（右上図）。この場合は両サイドのA、Cゾーンを攻めたほうが、いい形を作れる可能性は高い（右下図）。

【Bゾーンで相手がまっすぐ蹴り込んできた場合】

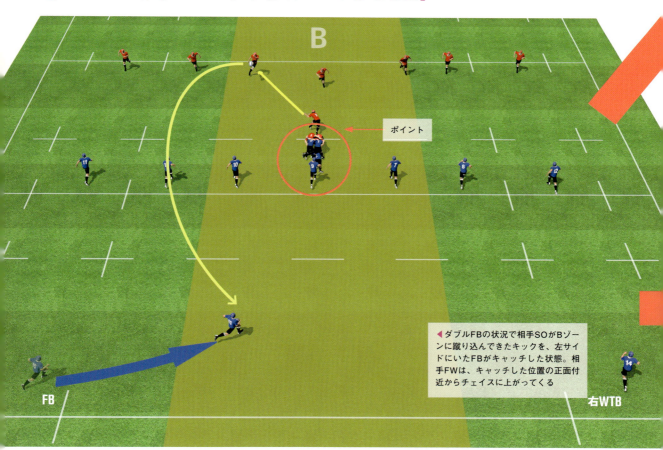

ポイント

◀ダブルFBの状況で相手SOがBゾーンに蹴り込んできたキックを、左サイドにいたFBがキャッチした状態。相手FWは、キャッチした位置の正面付近からチェイスに上がってくる

FB　　　　　　　　　　　　　　　　　　　右WTB

【そのままBゾーンを攻めた場合】

相手FW

ボールキャリアー

FBがそのまま相手FWの壁が待ち構えるBゾーンにカウンターアタックを仕掛ければ、みずからボールを失いにいくようなものだ

【Cゾーンを攻めた場合】

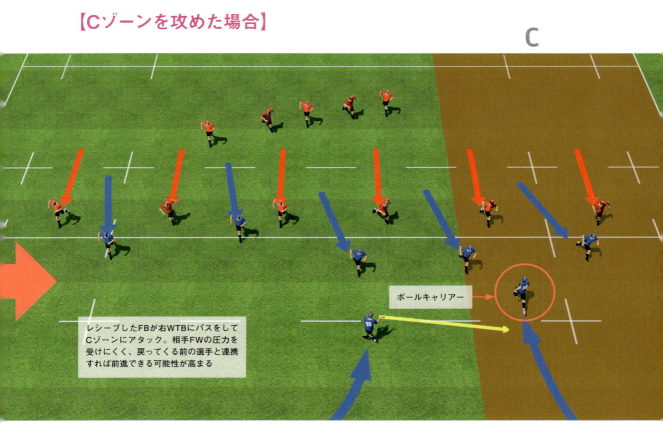

ボールキャリアー

レシーブしたFBが右WTBにパスをしてCゾーンにアタック。相手FWの圧力を受けにくく、戻ってくる前の選手と連携すれば前進できる可能性が高まる

2　味方FWを使って次の局面を攻めやすくする

　では、タッチライン寄りの起点からまっすぐ蹴り込まれたキックをレシーブし、いったんBゾーンに動かして攻める場合はどうだろうか。134ページで説明したように、戻ってくるCTBを加えて逆サイドのオープンを攻めたり、シザースで相手CTBの間を突破しにいく方法などが考えられるが、相手のチェイス陣形が堅く攻めどころがない場合は、やむを得ずBゾーンでポイントを作りにいくしかないケースもある。

　この後の状況を詳しく見てみると、自軍側は攻撃力の高いバックスリーの選手が複数ポイントに入り、攻撃起点のポイントがあったAゾーンサイドにFWプレーヤー、反対のCゾーンサイドに残りのBKプレーヤーが並ぶ陣形になる（**右上図**）。こうした状況では、CゾーンのBKプレーヤーで攻めようとしても前進は難しく、さらに次の局面で攻撃に参加できるBKプレーヤーがいなくなって手詰まりになってしまう可能性が高い。まずは**右下図**のようにAゾーンでポイントを作り、次のフェーズで右オープンサイドを攻めるのがいいだろう。これならボールキープ率の高いFWで攻めやすい地点に起点を作りつつ、ポイントに巻き込まれていたBKプレーヤーを加えて次のフェーズで仕掛けることができる。

【左サイドに蹴り込まれたボールをBゾーンに動かして攻めた場合】

▼BゾーンでFBがパスを受けた場面。相手チェイス陣形が整っており、そのままBゾーンでポイントを作りにいった状況を想定してみよう

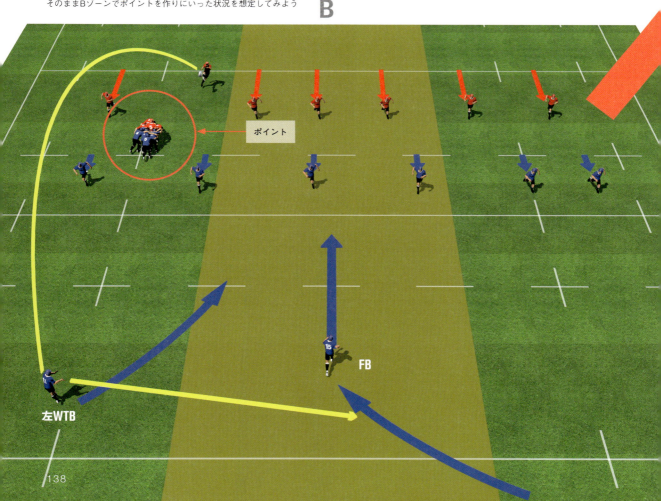

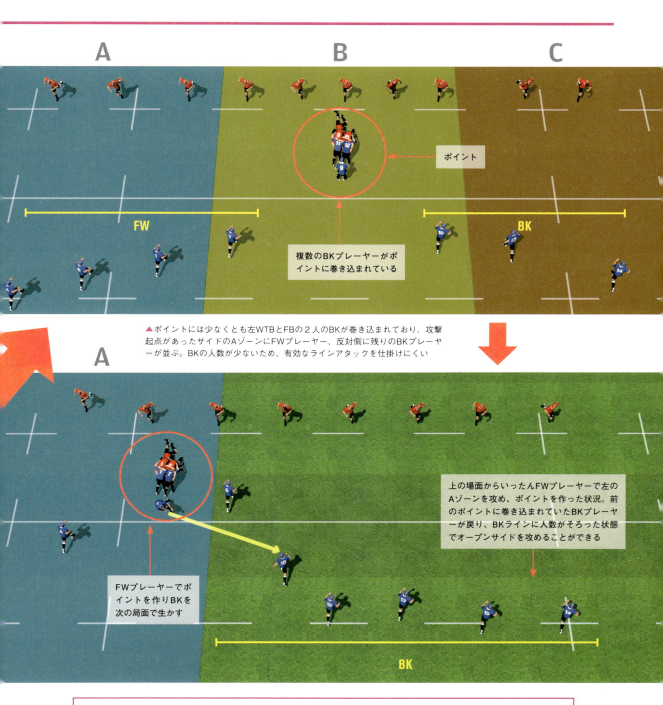

▲ポイントには少なくとも左WTBとFBの2人のBKが巻き込まれており、攻撃起点があったサイドのAゾーンにFWプレーヤー、反対側に残りのBKプレーヤーが並ぶ。BKの人数が少ないため、有効なラインアタックを仕掛けにくい

複数のBKプレーヤーがポイントに巻き込まれている

上の場面からいったんFWプレーヤーで左のAゾーンを攻め、ポイントを作った状況。前のポイントに巻き込まれていたBKプレーヤーが戻り、BKラインに人数がそろった状態でオープンサイドを攻めることができる

FWプレーヤーでポイントを作りBKを次の局面で生かす

Point 攻撃に参加できる人数とサポートできるFWの位置を考えてプレーを判断しよう

上の図の状況では、Bゾーンのポイント周辺はそもそも攻撃に参加できる選手が少なく、無理にCゾーンを攻めて、もし後方でつかまれば、FWが逆サイドの離れた位置にいるためサポートが遅れてしまう。そこで一気に乗り越えられてターンオーバーを許せば一転してピンチだ。極端なオーバーラップができているケースを除けば、そうした選択は避けたい。

34 エスコートラン

● 前のプレーヤーを活用する攻撃方法。ただしリスクに注意

1 エスコートプレーヤーを使って突破を図る

近年は日本国内の試合でも、前にいるFWプレーヤーを巧みに配置して相手のディフェンスコースを限定し、そこにカウンターアタックを仕掛ける「エスコートラン」が一般的になってきた。ともすればオブストラクションのペナルティをとられるプレーであり、安易に乱用するのは避けるべきだが、カウンターアタックのひとつのテクニックとして解説しておきたい。

キックレシーブからのカウンターアタックで、エスコートランをもっとも仕掛けやすいのは、グラウンド中央のBゾーンだ。両サイドのA、CゾーンでキャッチしたボールをパスでBゾーンへ動かすのに合わせて、エスコートする選手（主にLOなど体の大きいプレーヤーが務めることが多い）がボールキャリアーをサポートするようにBゾーンへ移動。そしてその選手の脇をすり抜けるようにして、バックスリーの選手がシザースやループプレーなどを使いながら突破する。

エスコートプレーヤーが立つことで相手チェイサーがボールキャリアーに詰め切れないようにして攻める——という攻撃方法だ。

【Aゾーンでレシーブ後、Bゾーンでエスコートランを仕掛けるケース】

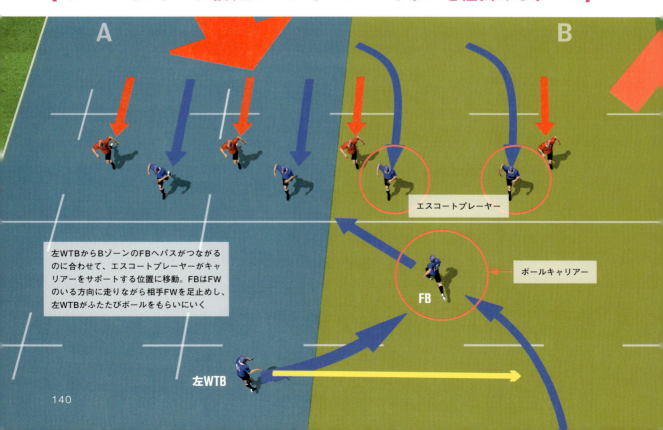

左WTBからBゾーンのFBへパスがつながるのに合わせて、エスコートプレーヤーがキャリアーをサポートする位置に移動。FBはFWのいる方向に走りながら相手FWを足止めし、左WTBがふたたびボールをもらいにいく

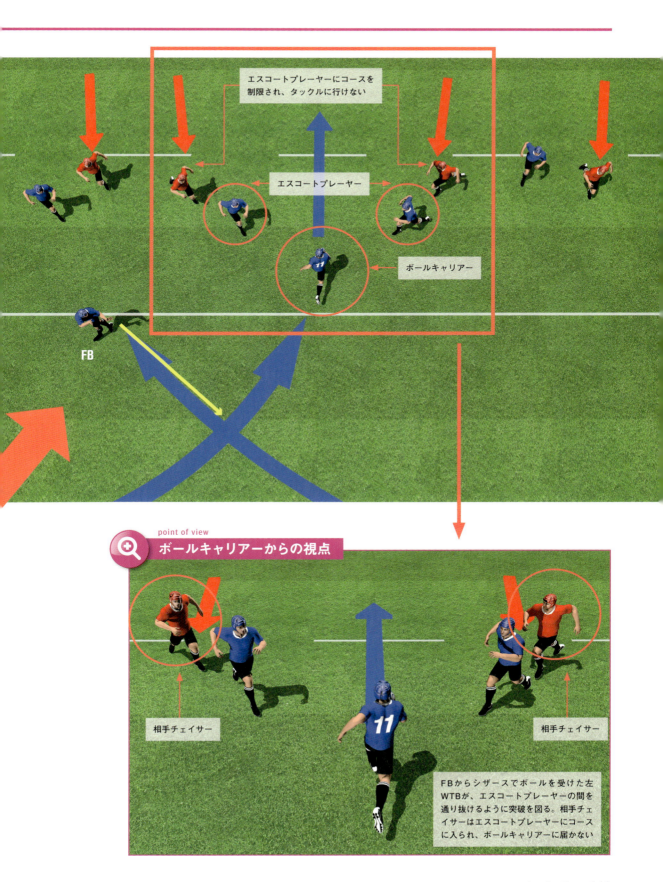

2　Hポールを基準にポジショニング

　なぜグラウンド中央のBゾーンがもっともエスコートランを仕掛けやすいかというと、元々ポイントのあったAゾーンに比べ相手FWのディフェンスが薄く、Cゾーンより移動距離が少ないため、エスコートプレーヤーがポジショニングしやすいからだ。またBゾーンにはHポールというどの位置でも認識できる基準があり、「Hポールを結ぶ架空のライン上」というように、グラウンド上の座標を選手が把握しやすい。それにより、ボールキャリアーもエスコートプレーヤーも、アタックを仕掛ける位置をより正確に認識できるというメリットがある。

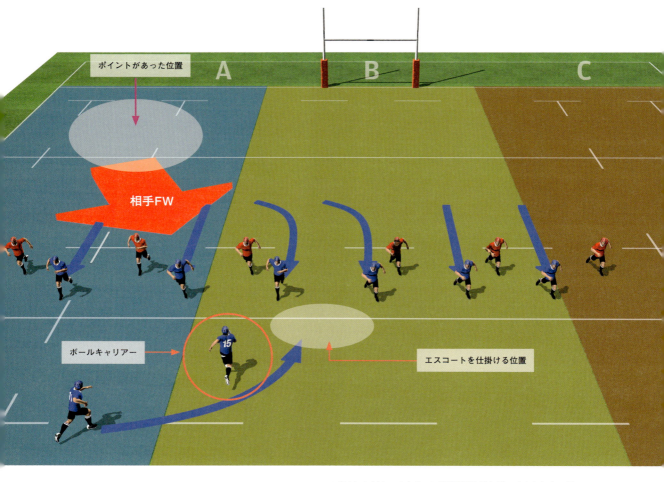

▲ポイントがあったAゾーンは相手FWが上がってくるため、ディフェンスが厚い。一方Cゾーンは移動距離が長いため、エスコートプレーヤーがポジショニングするまでに時間が必要になる。その中間のBゾーンが、もっともエスコートランを仕掛けやすいゾーンだ

　ただし、エスコートプレーヤーが露骨に相手ディフェンダーを妨害すれば、当然ながらペナルティをとられてしまう。またエスコートに頼り切ってFWが後方に戻らない癖がついてしまうと、バックスリー間でエラーが起こった時にすばやい対応ができない。そうしたリスクがあることをふまえた上で、効果的に活用できるようになることが大切だ。

Column

4

キックをタッチライン寄りに蹴る理由

　グラウンドを縦に3分割してキックを蹴り込む位置を考えた時、左右のタッチラインに近いゾーンほど相手がキャッチした時の選択肢を制限できるため、効果的なキックになる確率が高い。逆にグラウンド中央のゾーンはキャッチした相手が左右に攻められるので、ピンチを招きやすい。なるべく避けたほうがいいだろう。

　最近はキックの守り方として、片方のWTBを下げてFBと2枚で左右の後方のスペースに対応するチームが多い。ダブルFBと呼ばれるこの布陣に対し、自陣22メートルラインを少し出たあたりからロングパントを蹴ろうという選手が、両サイドのコーナーに相手プレーヤーが立っているのを見て、がら空きの真ん中のスペースに蹴り込むシーンをしばしば目にする。たしかにノーバウンドでキャッチされるのを嫌う気持ちはわかるが、これは戦術的には効果的ではない。先述したように真ん中にキックを蹴ると相手が攻めやすい上に、チェイスもしづらいからだ。

　キックチェイスは、チェイサーが等間隔に並んでゴールラインと平行にまっすぐ上がるのが理想だ。しかし真ん中にキックを蹴るとどうしてもチェイサーがボール方向に寄りがちになり、それによって外側にスペースが生まれやすい。そこへパスをつながれてスピードランナーに走られると、キックで前へ進んだ以上に陣地を戻されピンチを招いてしまう。それならばむしろ、たとえノーバウンドでキャッチされるにしてもタッチラインに近い位置に蹴り、しっかりとチェイス面を押し上げて攻められる隙を作らないほうが安全だと言える。

　レベルの高いチームが相手になると、グラウンド中央ゾーンでのタッチキックでも、自陣22メートルラインの内側からハーフウェーラインを越えるあたりまで戻してくる。まして蹴り込んだキックが短く、相手にいい形でキープされれば、中盤の中央ゾーンというもっとも攻めやすい位置での攻撃をお膳立てしてあげることになる。もちろんそこでつぶしてターンオーバーすればこちらの大チャンスになるが、それができる可能性は高くはない。よほどの理由がないかぎり、まずはタッチラインを効果的に使って相手の攻める方向をワンウェイに限定させることを最優先すべきだ。

　タッチラインは、触れた瞬間有無を言わさず相手ボールになる「最強のディフェンダー」だ。パスとランで攻める場合はもちろん、キックを使う場合も、タッチラインを最大限に活用することを頭に入れておきたい。

著者紹介

土井崇司 どい・たかし

1959年生まれ。大阪府出身。東海大学を卒業後、1984年に当時創立2年目の東海大学付属仰星高校に赴任。同校ラグビー部を、全国高校大会（花園）に92年の初出場を皮切りに14回出場の強豪へと育て上げる。監督として99年度の79回大会、2006年度の86回大会で優勝、総監督として13年度の93回大会で優勝。14年より東海大学ラグビー部のテクニカルアドバイザー、16年より東海大学付属高等学校の学園ラグビーコーディネーターを務め、17年より東海大学付属相模高等学校・中等部に赴任し、ラグビー部総監督となる。

協力

三木雄介 みき・ゆうすけ
［東海大学付属相模高等学校ラグビー部監督］

1977年生まれ。大阪府出身。東海大学付属仰星高校→東海大学。東海大仰星高で土井崇司監督（当時）の指導を受け、東海大学では4年時（99年度）に主将を務めた。2009年度に保健体育教諭として東海大相模高に赴任し、12年度より監督に就任。現役時代のポジションはCTB

東海大学付属相模高等学校ラグビー部

デザイン・図版制作／黄川田洋志、井上菜奈美、石黒悠紀（有限会社ライトハウス）
写　　　真／長岡洋幸
編　　　集／直江光信
　　　　　　長谷川創介（有限会社ライトハウス）

マルチアングル戦術図解
ラグビーの戦い方
キック戦術の実践

2019年3月7日　第1版第1刷発行

著　者／土井崇司
発　行　人／池田哲雄
発　行　所／株式会社ベースボール・マガジン社
　　　　　　〒103-8482
　　　　　　東京都中央区日本橋浜町2-61-9　TIE 浜町ビル
　　　　　　電話　　　　03-5643-3930（販売部）
　　　　　　　　　　　　03-5643-3885（出版部）
　　　　　　振替口座　　00180-6-46620
　　　　　　http://www.bbm-japan.com/

印刷・製本／広研印刷株式会社
©Takashi Doi 2019
Printed in Japan
ISBN978-4-583-11157-5 C2075

＊定価はカバーに表示してあります。
＊本書の文章、写真、図版の無断転載を禁じます。
＊本書を無断で複製する行為（コピー、スキャン、デジタルデータ化など）は、私的使用のための複製など著作権法上の限られた例外を除き、禁じられています。業務上使用する目的で上記行為を行うことは、使用範囲が内部に限られる場合であっても私的使用には該当せず、違法です。また、私的使用に該当する場合であっても、代行業者等の第三者に依頼して上記行為を行うことは違法となります。
＊落丁・乱丁が万一ございましたら、お取り替えいたします。